ARKANA

W0077358

MICHAEL ROSCHER

Die Jungfrau Persönlichkeit

Charakter, Schicksal und Chancen.
Mit Mondpositionen
und Aszendentenbestimmung

ARKANA
GOLDMANN

Umwelthinweis:
Alle bedruckten Materialien dieses Taschenbuches
sind chlorfrei und umweltschonend.

Originalausgabe Januar 1999
© 1999 Wilhelm Goldmann Verlag, München
in der Verlagsgruppe Bertelsmann GmbH
Umschlaggestaltung: Design Team München
Umschlagabbildung: AKG, Berlin
Verlagsnummer 21509
Realisation und Gesamtbetreuung:
Christine Proske, Ariadne Buchkonzeption, München
Redaktion: Ralf Lay
Grafik: D.T.P. Factory, Susanne Bertenbreiter, München
Herstellung: H+G Lidl, München
Satz: Fotosatz Völkl, Puchheim
Druck: Elsnerdruck, Berlin
Made in Germany
ISBN 3-442-21509-9

1   3   5   7   9   10   8   6   4   2

Inhalt

ANHANG

Vorwort

Bücher zu den »Stern«- oder Tierkreiszeichen
gibt es scheinbar wie Sand am Meer. Welchen
Sinn macht es da, erneut darüber zu schreiben; ist nicht alles schon Dutzende Male ge-
schrieben worden, was es zu diesem Thema
mitzuteilen gibt? Ich glaube, nicht. Denn wer
sich ein wenig näher mit dem Thema Astrologie beschäftigt hat, kann zwei sehr unterschiedliche Bereiche ausmachen: Astrologie
als Unterhaltung und Zeitvertreib, wie wir sie
zum Beispiel auf Zuckerstückchenpapier und
auf der Horoskopseite nahezu jeder Illustrier-
ten finden, und die ernsthafte Astrologie,
deren Studium viele Jahre beansprucht. Auch
wenn die Astrologie einmal die Königin der
Wissenschaften war, die an jeder renommier-
ten Universität gelehrt wurde, so wird sie doch
heute von den meisten mit der Unterhaltungs-
astrologie verwechselt; und nur die wenigsten
wissen, wie umfangreich, komplex und faszinierend die »richtige« Astrologie ist.
Diese Buchreihe versucht einen dritten Weg
zu gehen, indem die ernsthafte und die Unter-
haltungsastrologie zusammengeführt werden.
Das, was sich mit den Methoden anspruchs-
voller Astrologie über die Tierkreiszeichen
sagen läßt, habe ich in diesen Bändchen dar-
zustellen versucht. Gerade weil auch die
Mondzeichen und die Bedeutungen der Geburtstage mit einbezogen wurden, konnten
Aussagen gemacht werden, die sicherlich um
einiges genauer und zutreffender sind, als dies
in einem »normalen« Buch über Tierkreiszei-

chen möglich wäre. Gleichzeitig sollte jedoch auch der unterhaltende Aspekt nicht zu kurz kommen, schließlich lähmt kaum etwas mehr das Interesse und die Neugier als trockener Lesestoff. Das Ziel war eine Lektüre, die seriöses astrologisches Wissen über uns selbst, über unsere Stärken und Schwächen vermittelt. Das Lesen sollte Spaß machen, und die Aussagen sollten so treffend sein, wie es in diesem Rahmen eben möglich ist. Wer auf den Geschmack kommt und noch mehr über sich und sein Horoskop erfahren möchte, findet zu diesem Thema Tips und Hinweise am Ende des Buches.

Ich möchte mich an dieser Stelle bei meiner Lebensgefährtin, der Astrologin und Buchautorin Brigitte Hamann, bedanken, die einen wesentlichen Anteil am Zustandekommen dieser Reihe hatte. Sie hat die Illustrationen und Zitate ausgesucht sowie die Märchen ausgewählt, bearbeitet und kommentiert, und einige Abschnitte entstammen – in leicht überarbeiteter Form – ihrem Buch *Die zwölf Archetypen.*

Michael Roscher,
im Herbst 1998

Kontaktadresse des Autors:

Michael Roscher
Schule für Transpersonale Astrologie ®
Postfach 31 02 01
D-90202 Nürnberg

Einleitung:
Wie die Gestirne unser
Schicksal beeinflussen

Die Astrologie ist trotz aller Anfeindungen ein
fester Bestandteil unserer Kultur, unseres Füh-
lens und Denkens geblieben. Das Interesse an
diesem seit Jahrtausenden genährten Wis-
sensschatz nimmt sogar immer mehr zu. Es
hofft zum Beispiel jeder, »unter einem guten
Stern geboren zu sein«, unabhängig davon, ob
wir an Astrologie glauben oder nicht. Und so
wird das Geburtsdatum eines Menschen nach
wie vor mit dem Sternsymbol ✳ dargestellt.

Die sieben Wochentage und ihre Namen werden von den sieben »klassischen« Planeten unseres Sonnensystems abgeleitet: der Sonntag
von der Sonne, der Montag vom Mond, der
Dienstag vom germanischen Kriegsgott Tiu
(Týr), der dem Mars entspricht. Der Mittwoch
heißt im Französischen *Mercredi,* also »Merkurtag«. Der Donnerstag (im Englischen *Thurs-
day*) geht auf den germanischen Gott Thor
zurück, der wiederum mit Jupiter vergleichbar
ist. Der Freitag leitet sich von der Göttin Frey-
ja ab, der germanischen Entsprechung der
Venus. Der Samstag, mit dem die Woche voll-
endet wird, ist dem Saturn zugeordnet.

Wochentage

Das Wort »Desaster« (Unglück) kommt vom
italienischen *disastro,* was »Unstern« bedeutet. Jemand, der einen starken Mars hat, wirkt
auf andere martialisch, das heißt »kriegerisch,
bedrohlich«; im Englischen nennt man die
Kampfkünste *martial arts.* Unsere Stimmun-

Die Planetensymbole

Sonne	Mond	Merkur	Venus	Mars
☉	☽	☿	♀	♂

Jupiter	Saturn	Uranus	Neptun	Pluto
♃	♄	♅	♆	♇

gen werden durch den Mond beeinflußt, was sich sprachlich in dem Wort »Laune« (lateinisch *luna* = »Mond«) widerspiegelt. Und wie der Mond sein Aussehen beständig verändert, so wechseln auch unsere Gefühle.

Es ließen sich noch viele Beispiele aufführen, doch soll dies hier genügen, um zu zeigen, wie sehr uns die Astrologie in Fleisch und Blut übergegangen ist, ohne daß uns dies normalerweise bewußt wird.

Charakter-
anlagen
und
Schicksal

Daß sich über die Planetenstände bei der Geburt Charakteranlagen, Schicksal und Chancen ermitteln lassen, ist längst bewiesen, auch wenn die Gegner der Astrologie dies nicht wahrhaben wollen.

Früher meinte man, von den Gestirnen gingen Strahlungen aus, die uns im Augenblick der Geburt lebenslang prägen. Manche Forscher versuchen immer noch, die Stimmigkeit der Astrologie auf diese Weise zu erklären. Der Ansatz ist sicherlich nicht völlig falsch. Allein der Mond verursacht mit seiner Anziehungskraft Ebbe und Flut und hat, wie man inzwischen weiß, auch einen deutlichen Einfluß auf das Wetter. Wenn der Mond die Weltmeere zu bewegen vermag, dann ist es auch einleuchtend, daß er den Menschen beeinflußt, dessen

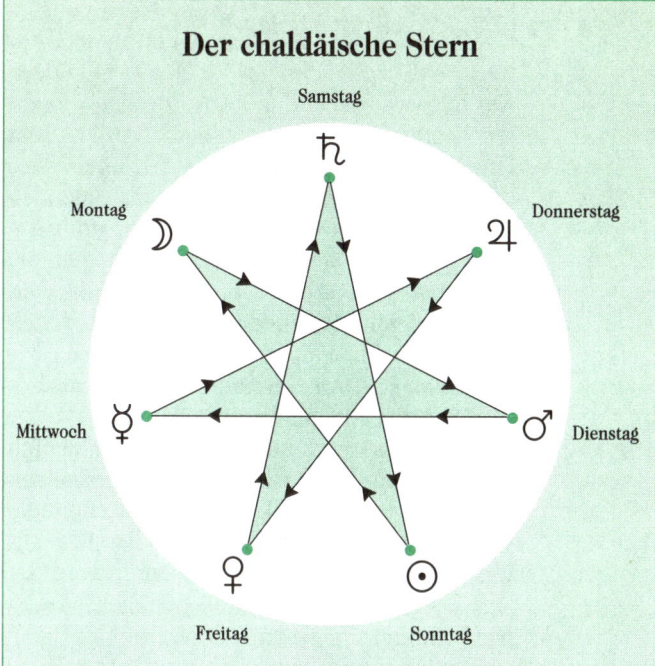

Der chaldäische Stern

Die Darstellung der sieben klassischen Planeten als Tagesregenten kreisförmig in einem siebeneckigen Stern wird »chaldäischer Stern« genannt. Beginnt man beim Mond entgegen dem Uhrzeigersinn zu zählen, ergibt sich die Reihenfolge: *Mond, Merkur, Venus, Sonne, Mars, Jupiter, Saturn.* Dies gibt die Umlaufgeschwindigkeit der Himmelskörper um die Erde wieder. Der Mond bewegt sich, von der Erde aus gesehen, am schnellsten, der Saturn am langsamsten. Folgt man hingegen den Pfeilen des Sterns, entsteht die Reihenfolge: *Mond, Mars, Merkur, Jupiter, Venus, Saturn, Sonne,* was unseren Wochentagen entspricht.

Körper ja auch zum größten Teil aus Wasser besteht.

Die Astrologie funktioniert jedoch auch sicher bei der Ermittlung günstiger Daten für

Ermittlung
günstiger
Daten

Firmengründungen, Vertragsunterzeichnungen, Eheschließungen und dergleichen mehr. Hier fragt man sich dann in der Tat verwundert, wer oder was dabei durch irgendwelche Strahlen beeinflußt wird ... Nicht nur aus diesem Grund ist es besser, sich die Wirkungsweise der Astrologie wie die einer genau gehenden Uhr vorzustellen: Wir können an ihr problemlos die richtige Zeit ablesen, ohne daß jemand glauben würde, unsere Uhr beeinflusse die Zeit. Auf die gleiche Weise können wir in den Stellungen der Planeten Analogien unserer Charakteranlagen, unseres Schicksals und unserer Entwicklungsmöglichkeiten erkennen, ohne daran glauben zu müssen, daß die Planeten unser Schicksal *bestimmen* – sie *zeigen* es nur an. Dieser an sich völlig einfache Gedankengang wird selbst von führenden Wissenschaftlern offensichtlich nicht verstanden, so sie sich überhaupt die Mühe machen, der Astrologie Aufmerksamkeit zu widmen.

Ähnlich verhält es sich mit zahlreichen gläubigen Menschen, die fälschlicherweise annehmen, die Astrologie wäre eine »Ersatzreligion«, die uns ein unausweichliches Schicksal predige und an die Stelle des Gottesglaubens den an die Sterne setze. Nichts könnte falscher sein; denn ein vernünftiger Mensch wird die Psychologie nicht verdächtigen, Religion sein zu wollen, und Astrologie ist nichts anderes als das in Jahrtausenden gereifte psychologische Wissen der Menschheit – ein Erkenntnisprozeß, der begann, lange bevor es das Wort »Psychologie« überhaupt gab.

Keine
Ersatz-
religion

Einer der Grundlehrsätze der Astrologie lautet: »Der Weise beherrscht die Sterne.« Das heißt, die Astrologie strebt nicht an, dem Menschen ein angeblich unausweichliches Schicksal aufzudrängen, sondern sie will und kann echte Lebenshilfe sein, indem sie uns lehrt, uns selbst und unsere Mitmenschen besser zu verstehen.

Echte Lebenshilfe

Wenn wir beginnen, unser eigenes Wesen besser zu begreifen, werden natürlich auch Schwächen und der eine oder andere weniger erfreuliche Wesenszug sichtbar. Dies ist jedoch kein Grund, sich zu ärgern oder gar zu verzagen, sondern vielmehr die große Chance, das Beste aus unseren Möglichkeiten zu machen, die Schwierigkeiten, die wir mit uns und unseren Mitmenschen haben, zu meistern sowie dadurch zu wachsen.

Die Richtigkeit dieser Annahme wird uns indirekt auch bestätigt, wenn wir uns manche Menschen anschauen, die in ihrem Horoskop die umgekehrten Voraussetzungen aufweisen – sie sind besonders begabt, in ihrem Leben bieten sich außergewöhnliche Möglichkeiten, und sie machen dennoch nichts daraus. Das beste Horoskop nützt also wenig, wenn wir nicht unsere Fähigkeiten erkennen und uns um ihre Entwicklung bemühen: Die Welt ist voll von begnadeten musikalischen Talenten, die niemals die Ausdauer aufbrachten, ein Instrument richtig spielen zu lernen. Ein Künstler mit eher mäßiger Begabung und dem Willen, seine Möglichkeiten voll auszuschöpfen, kann dagegen bereits Außergewöhnliches erreichen, und der Erfolg ist schier unaufhaltbar, wenn die konsequente Entwicklung unserer Fähigkeiten mit einer besonderen Begabung zusammentreffen.

Wille zur Entwicklung

Dieses Buch möchte Sie dabei unterstützen, sich selbst und Ihre Mitmenschen besser zu verstehen. Wenn wir Verständnis füreinander in Handeln umsetzen, ist es nahezu unvermeidlich, daß wir erfolgreicher und effektiver werden, vor allem aber, daß wir ein zufriedeneres und erfüllteres Leben führen.

Die Tierkreiszeichen und das Horoskop

In der Umgangssprache hat sich der Begriff »Sternzeichen« eingebürgert, wenn eigentlich von Tierkreiszeichen die Rede ist. Es gibt die Sternbilder am Himmel und die Tierkreiszeichen; irgendwann einmal entstand der etwas unglückliche Begriff von den »Sternzeichen«.

»Stern-zeichen«

Die Sternbilder, die sich auf der Sonnenbahn befinden und den gleichen Namen wie die Tierkreiszeichen tragen, haben mit letzteren jedoch überhaupt nichts zu tun. Ihre Position verändert sich jedes Jahr ein wenig, und so kommt es, daß die Sonne am 21. März (oder einem beliebigen anderen Datum) an einer völlig anderen Stelle aufgeht, als dies etwa vor 2000 Jahren der Fall war.

Diese Namensgleichheit hatte unglückliche Folgen, werden Sternbilder und Tierkreiszeichen doch heute noch von vielen miteinander verwechselt oder gar gleichgesetzt. Das führt sogar so weit, daß vor allem Astronomen, die gern gegen die Astrologie wettern, behaupten, die Astrologen würden ihre Horoskope falsch berechnen. Diese ständige Verwechslung zeigt unter anderem, wie wenig sich die Gegner der Astrologie mit dem Thema überhaupt beschäftigt haben.

Die meisten Menschen wissen, ob sie ein Stier, ein Krebs oder ein Fisch sind, jeder kennt sein »Sternzeichen«. Wie diese Zuordnung zustande kommt, wissen dagegen nur wenige; dabei ist es einfach, die Grundlagen der Astrologie zu verstehen: Die Erde beschreibt im Laufe eines Jahres einen (näherungsweisen) Kreis um die Sonne. Von der Erde aus gesehen, ist diese auch »Ekliptik« genannte Umlaufbahn jedoch der Weg, den die Sonne innerhalb des Jahres scheinbar am Himmel zurücklegt; das heißt, die Sonne steht nach zirka 365 Tagen wieder an dem Himmelspunkt, von dem aus sie »ihre« Wanderung begann. Unterteilt man die Ekliptik in zwölf gleich große Abschnitte, ergibt sich die Aufgliederung des Tierkreises (Zodiakus) in zwölf Zeichen. Unser »Sternzeichen« ist nun nichts anderes als das Tierkreiszeichen, in dem die Sonne zum Zeitpunkt unserer Geburt stand. Wer beispielsweise ein Löwe ist, bei dem befand sich die Sonne im Zeichen des Löwen (120 bis 150 Grad im Tierkreis), als er zur Welt kam. Allerdings beginnt das astrologische Jahr nicht am 1. Januar, sondern am 21. März, exakt am Frühlingsanfang. Das astrologische Jahr ist übrigens mit dem astronomischen identisch.

Stand der Sonne

Astrologisches Jahr

Der Tierkreis beginnt mit dem Zeichen Widder, deshalb ist jeder, der zwischen dem 20./21. März und dem 19. bis 21. April geboren wurde, Widder. Auf den Widder folgt der Stier, daher dürfen sich alle, die zwischen dem 19. bis

Die Symbole der Tierkreiszeichen

Widder	Stier	Zwillinge	Krebs	Löwe	Jungfrau
♈	♉	♊	♋	♌	♍

Waage	Skorpion	Schütze	Steinbock	Wassermann	Fische
♎	♏	♐	♑	♒	♓

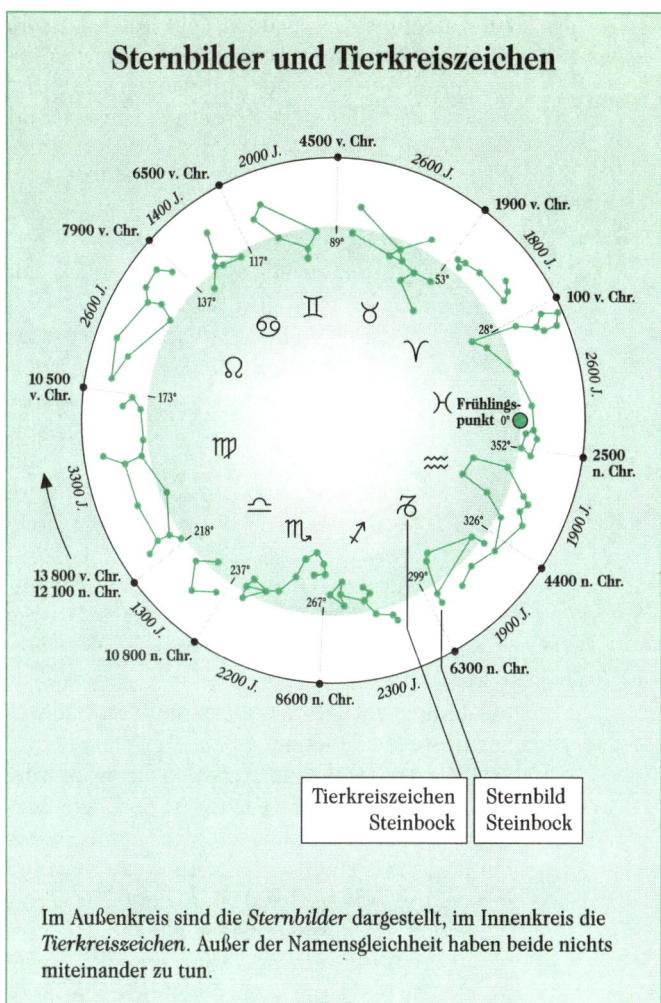

Sternbilder und Tierkreiszeichen

Im Außenkreis sind die *Sternbilder* dargestellt, im Innenkreis die *Tierkreiszeichen*. Außer der Namensgleichheit haben beide nichts miteinander zu tun.

21. April und dem 20. bis 22. Mai geboren wurden, »Stier« nennen – und so fort. Von der Erde aus gesehen, umkreist die Sonne aber nicht

Das geozentrische Weltbild

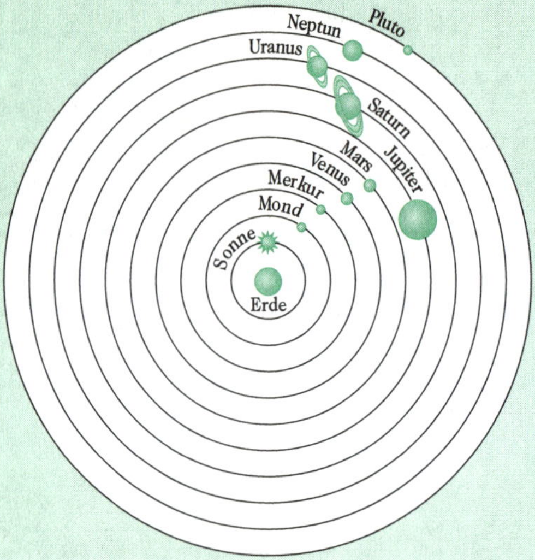

Neptun
Pluto
Uranus
Saturn
Jupiter
Mars
Venus
Merkur
Mond
Sonne
Erde

nur einmal im Jahr, sondern auch einmal pro Tag unseren Planeten.

Diese Laufbahn wird ebenso in zwölf verschiedene Abschnitte gegliedert und den Tierkreiszeichen zugeordnet. Man kann diese Vorgänge mit einer Uhr vergleichen. Die eine Umdrehung entspräche dann dem Minuten-, die andere dem Stundenzeiger.

Horoskop-
erstellung
Will man nun ein Horoskop erstellen, trägt man zunächst das Sonnen-Symbol an der Stelle im Horoskopformular ein, an der das Tierkreiszeichen steht, unter dem man geboren ist, zum Beispiel Waage (siehe Abbildung »Die Sonne in der Waage«).

Für ein Horoskop werden jedoch noch die übrigen Planeten unseres Sonnensystems gebraucht, zu denen in der Astrologie auch der Mond ☽ gehört (siehe die Abbildung »Beispiel für ein Horoskop mit allen Planeten« auf der nächsten Seite).

Ebenso wie jeder von uns ein Sonnenzeichen hat, besitzt er auch ein Mondzeichen. Dieses ist für die Deutung der Persönlichkeit mindestens genauso wichtig wie das Zeichen

Mondzeichen

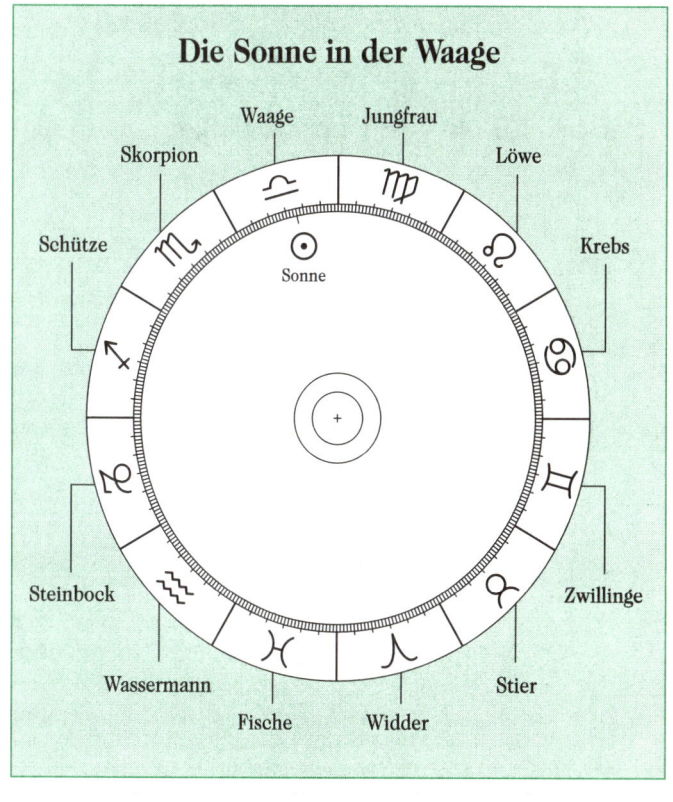

Die Sonne in der Waage

der Sonne. Die Sonnenzeichen sind wahrscheinlich nur deshalb bekannter, weil sie sich ganz leicht über das Geburtsdatum feststellen lassen.

Das ist beim Mond nicht so einfach. Denn hier benötigen wir neben dem Geburtstag *Geburts* noch die Zuordnung zum Geburtsjahr. Da wir *jahr* für Ihre Charakter- und Schicksalsanalyse jedoch auch das Mondzeichen verwenden wollen, finden Sie im Anhang eine Tabelle, mit der Sie leicht die Zeichenstellung des Mondes zum Zeitpunkt Ihrer Geburt bestimmen können.

Beispiel für ein Horoskop mit allen Planeten

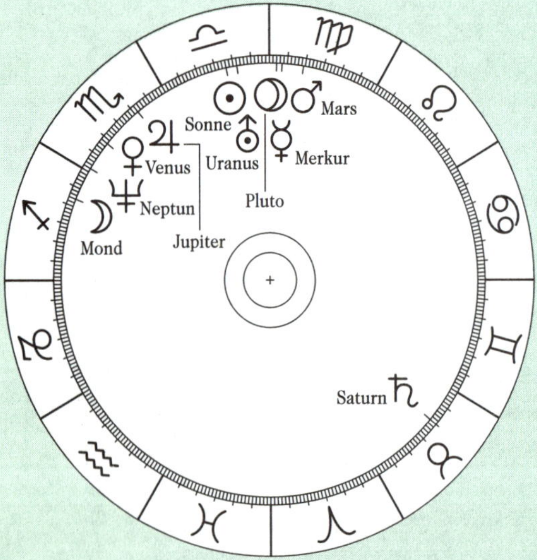

Sonne
Mars
Venus
Uranus Merkur
Neptun Pluto
Mond Jupiter
Saturn

Die Häuser im Horoskop

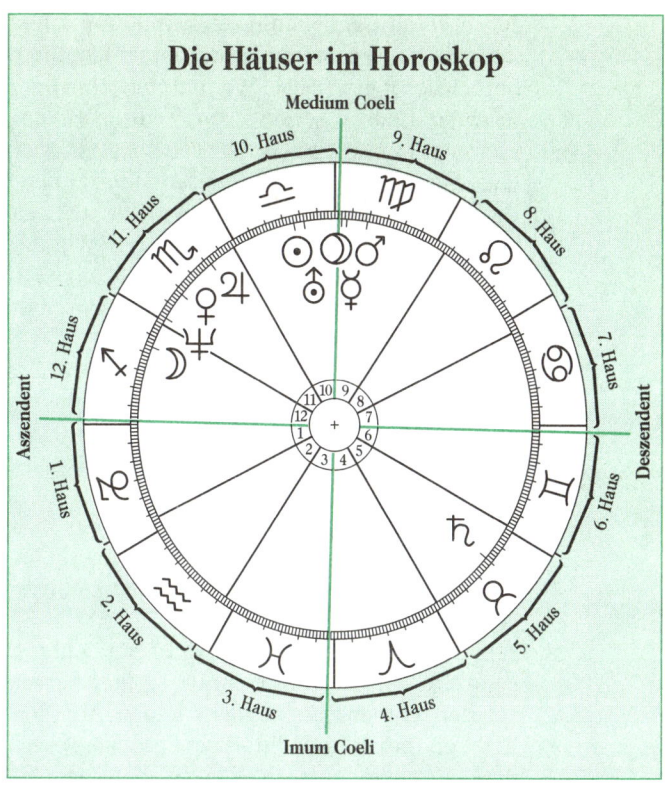

Eine ausschlaggebende Rolle innerhalb des Horoskops spielt der Aszendent. Dieser wird durch das Tierkreiszeichen bestimmt, das im Augenblick der Geburt über den Osthorizont tritt (lateinisch *ascendere* = »aufsteigen«). Dazu müssen Sie wissen, an welchem Ort und zu welcher Zeit Sie geboren sind. Eine Tabelle und eine genaue Anweisung zur Berechnung Ihres Aszendenten finden Sie im Anhang dieses Buches.

Aszendent

Für ein vollständiges Horoskop müßten allerdings noch mehrere andere wichtige Faktoren berücksichtigt werden. Wir würden die sogenannten Häuser benötigen. Um diese zu berechnen, muß man beispielsweise die ganz genaue Geburtszeit und den Geburtsort kennen. Die Verhältnisse, in denen die unterschiedlichen Planeten zueinander stehen (Winkel, Aspekte), lassen erst präzise Aussagen über individuelle Charaktereigenschaften und Lebensumstände zu.

Diese und andere wichtige Themen der Astrologie sollen im Rahmen des vorliegenden Buches, in dem es speziell um ein Tierkreiszeichen geht, jedoch nicht weiter ausgeführt werden.

Wer sich mit all diesen interessanten Einzelheiten genauer beschäftigen möchte, findet dazu im Anhang einige Literaturempfehlungen. Ebenso kann ein Buch über Tierkreiszeichen keine persönliche Horoskopdeutung ersetzen. Selbst wenn Geburtstag und Mond- *Individuelle* zeichen einbezogen werden, fehlen für eine *Inter-* wirklich individuelle Interpretation wie gesagt *pretation* noch zu viele Faktoren. Wer es aber ganz genau wissen möchte und ein exakt auf sich berechnetes und gedeutetes Horoskop wünscht, kann bei uns hierzu kostenlos und unverbindlich weiteres Informationsmaterial anfordern. Die Adresse finden Sie ebenfalls am Ende dieses Buches.

Doch lassen Sie uns nun erkunden, was eine »typische Jungfrau« ausmacht. Beginnen wir damit, uns einmal anzuschauen, welch unterschiedlichen prominenten Menschen dieses Tierkreiszeichen gemeinsam ist.

Die Tierkreiskarte Jungfrau des Malers Johfra

Bekannte Jungfrau-Persönlichkeiten

Mario Adorf, Schauspieler
Jasir Arafat, Politiker
Franz Beckenbauer, Fußballspieler, -trainer
  und -manager
Menachem Begin, Politiker
Ingrid Bergman, Schauspielerin
Leonard Bernstein, Musiker und Komponist
John Cage, Komponist
Sean Connery, Schauspieler
David Copperfield, Zauberkünstler
Antonín Dvořák, Komponist
Michael Faraday, Physiker und Chemiker
Caspar David Friedrich, Maler
Greta Garbo, Schauspielerin
Johann Wolfgang von Goethe, Dichter
Iwan der Schreckliche, Zar von Rußland
Michael Jackson, Popstar
Stephen King, Schriftsteller
Walter Koch, Astrologe
Sophia Loren, Schauspielerin
Ludwig XIV., König von Frankreich
Reinhold Messner, Bergsteiger
Maria Montessori, Pädagogin und Ärztin
Max Reinhardt, Schauspieler und Regisseur
Arnold Schönberg, Komponist
Gerhard Schröder, Politiker
Peter Sellers, Schauspieler
Mutter Teresa, Ordensgründerin
Leo Tolstoi, Schriftsteller
Johannes Vehlow, Astrologe
Carl Zeiss, Mechaniker und Unternehmer

Jasir Arafat

Greta Garbo

*Michael
Jackson*

Ludwig XIV.

Die Jungfrau – Daten und Symbole

**22., 23. oder 24. August
bis 22., 23. oder 24. September**

**Qualität: weiblich, rezeptiv, Yin
Element: Erde
2. bewegliches Zeichen
Herrscherin: Merkur ☿**

Die Jungfrau ist das sechste Tierkreiszeichen. Sein Beginn variiert von Jahr zu Jahr etwas und kann auf den 22., 23. oder 24. August fallen. Jeder, der an einem dieser Tage geboren wurde und nicht weiß, ob er noch Löwe oder schon Jungfrau ist, kann dies der Tabelle »Von wann bis wann ist man eine Jungfrau?« im Anhang entnehmen. Ebenso gibt es Überschneidungen am Ende des Zeitraums. In der Tabelle können Sie auch erkennen, ob Sie noch eine Jungfrau oder schon eine Waage sind. Im Zweifelsfalle muß die Uhrzeit der Geburt bekannt sein. Diese ist am Standesamt des Geburtsortes niedergelegt und wird auf schriftliche Anfrage in aller Regel problemlos mitgeteilt.

*Unter-
schiedliche
Anfangstage*

Der Ursprung des Symbols für das Tierkreiszeichen Jungfrau ist wie beim Skorpion nicht

Symbol

vollständig geklärt. Manche Experten meinen, daß früher die Zeichen Jungfrau, Waage und Skorpion zu einem einzigen großen Herbststernbild zusammengefügt wurden, das man mit einem »m« darstellte. Für diese Theorie spricht, daß sich heute noch die Symbole für die Sternzeichen Jungfrau und Skorpion sehr ähnlich sehen und von Astrologieanfängern deshalb gern verwechselt werden.

Zudem scheint jedes der drei »Beinchen« des »m« für eines seiner Zeichen – Jungfrau, Waage, Skorpion – zu stehen. Die Waage, die sich in der Mitte zwischen Jungfrau und Skorpion befindet, wurde noch von Ptolemäus, dem Vater der klassischen Astrologie, als »Scheren des Skorpions« bezeichnet, was ebenfalls darauf hindeutet, daß das Symbol für Waage aus dem für Skorpion entstanden ist.

Die drei Herbstzeichen wurden stets mit der Yr-Rune in Verbindung gebracht, die der umgekehrten Man-Rune entspricht und als Sterberune gilt. Die Man-Rune ist dem wiedererwachenden Leben im Frühjahr zugeordnet. Tatsächlich endet mit dem Tierkreiszeichen Jungfrau der Sommer, und das »Sterben« in der Natur beginnt. Die Frucht ist reif, die Ernte wird eingebracht.

Für die Bauern ist dies mit die arbeitsreichste Zeit, müssen doch vor dem Einsetzen der Herbstregenfälle alle Felder geräumt werden. Traditionell wird das Zeichen Jungfrau deshalb mit dem Thema »Arbeit« in Verbindung gebracht. Es war die brillante Astrologin Gräfin Wassilko, der zuerst auffiel, daß das Jungfrau-Zeichen sich als stilisierte Hand, das Symbol der Arbeit, darstellen läßt.

Während die Yr-Rune dem Verbund der drei Herbstzeichen entspricht, repräsentiert die Jera- oder Jar-Rune am ehesten die Jungfrau. Sie bedeutet unter anderem »fruchtbare Jahreszeit, Ernte und Ackersegen«. (Die Jar-Rune ist auch der Sommersonnenwende und damit dem Tierkreiszeichen Krebs zugeordnet, hat in diesem Zusammenhang jedoch eine andere Bedeutung.)

Die Jungfrau wird von Merkur beherrscht. Gemeinsam mit den Zwillingen ist ihr der Mittwoch zugeordnet, die Wochenmitte, die dem »ver-mitte-lnden« Prinzip Merkurs unterliegt. Im Französischen heißt der Mittwoch *mercredi*, was »Merkurtag« bedeutet. Merkur entspricht dem griechischen Hermes, dem *Hermes* trickreichen Götterboten, dem Gott der Diebe und Kaufleute. Das Zeichen des Planeten Merkur besteht als einziges Planetensymbol aus drei Elementen: Halbkreis, Kreis und Kreuz, wobei das Kreuz den Körper, der Halbkreis die Seele und der Kreis den Geist darstellt. Damit beschreibt das Gestirn Merkur den Menschen schlechthin mit allen seinen Stärken und Schwächen.

Eine der herausragenden menschlichen Eigenschaften ist sicherlich die allen anderen Säugetieren überlegene Intelligenz. Zu deren Entwicklung sind Neugier und Wissensdurst vonnöten, Eigenschaften, die sich sowohl zum Guten als auch zum Schlechten einsetzen lassen. Merkur ist somit traditionell der Schutzpatron der Kaufleute und Rechtsan- *Schutz-* wälte, aber auch der (Taschen-)Diebe. Für die *patron* Gegenwart müßte man zumindest die Journalisten und Wissenschaftler hinzufügen. Da-

![Holzschnitt Merkur]

bei entbehrt es sicherlich nicht einer gewissen Pikanterie, daß sich auch in einer neueren astrologischen Studie nachweisen ließ, daß zahlreiche Taschendiebe und Rechtsanwälte genau die gleichen Konstellationen im Horoskop aufwiesen, astrologisch also nicht voneinander unterscheidbar waren.

Typisch Jungfrau – Stärken und Schwächen der Jungfrau-Persönlichkeit

Persönliche Stärken in Stichworten

Analytisch, anpassungsfähig, bedächtig, Bedürfnis nach Reinheit und Vervollkommnung, äußerer bzw. innerer Ordnung und Sauberkeit und danach, gebraucht zu werden, beherrscht, bescheiden, die Umstände nutzend, differenziert, diszipliniert, effektiv, fleißig, geschickt, gewandt, gewissenhaft, ihren realen Wert beweisen wollend, intellektuell, kontrolliert, auf der Suche nach Stabilität und Bewertungsgrundlagen, ökonomisch, ordnungsliebend, pflichtbewußt, planend, praktisch, realistisch, reflektierend, scharfsinnig, selbstlos, anpassungsfähig, sicherheitsorientiert, sorgfältig, sparsam, uneigennützig, vernünftig, vorsichtig, zurückhaltend, zuverlässig.

Bescheidenheit

Persönliche Schwächen in Stichworten

Ängstlich (vor dem Unbekannten), berechnend, besserwisserisch, bürokratisch, duckmäuserisch, engstirnig, feige, gefühlskalt, gehemmt, geizig, kleinlich, knauserig, kritisch, langweilig, merkantil, mimosenhaft, mißtrauisch, nervös, nicht spontan, opportunistisch, pedantisch, penibel, phantasielos, prüde, schüchtern, skeptisch, spitzfindig, Sauberkeitsfimmel, unruhig, unselbständig, unsicher, unterwürfig, zwanghaft, zweifelnd, zynisch.

Mißtrauen

Die Jungfrau – keusch und rein? Trotz seines Namens hat dieses Tierkreiszeichen nicht im mindesten mit sexueller Enthaltsamkeit zu tun. Zwar gibt es tatsächlich Astrologen, die allen Ernstes behaupten, daß unter diesem Zeichen Geborene häufiger als andere ohne Partner leben und mehr als andere Menschen auf die sinnlichen Freuden des Lebens verzichten, doch glücklicherweise haben solche Aussagen nichts mit der Wirklichkeit zu tun.

In der Mythologie entspricht dieses Tierkreiszeichen fast immer Göttinnen, die für sich selbst stehen, also eine eigenständige, vom Partner unabhängige Bedeutung haben. Hierzu gehören auch alle Fruchtbarkeits- und Muttergöttinnen, womit sich das Thema der Keuschheit wohl schon von selbst erledigt hat.

Bevor es sichere Verhütungsmittel gab, war der Selbstverwirklichungsspielraum für Frauen stark eingeschränkt. Schließlich wurden sie durch die Geburt der Kinder schnell auf die Rolle der Ehefrau und Mutter festgelegt, die, außer bei sehr wohlhabenden Damen, die sich entsprechendes Personal leisten konnten, praktisch keine Zeit mehr ließ, um persönlichen Interessen nachzugehen. So gesehen nahm die tiefere Bedeutung dieses Tierkreiszeichens die Emanzipation vorweg: Nur eine »Jungfrau« war ihre eigene Herrin und weder Mann noch Kindern verpflichtet. Es wäre sicherlich einmal eine Untersuchung wert, herauszufinden, wie das Tierkreiszeichen, das am meisten mit der persönlichen Freiheit des einzelnen zu tun hat, so einseitig an die Begriffe »Dienen, Arbeit, Fleiß und Krankheit« gekoppelt wurde.

Emanzipation

Im Tierreich entspricht das Jungfrau-Prinzip dem Verhalten eines Beutetiers, das nur durch Geschicklichkeit, Vorsicht, List und Tarnung dem überlegenen Raubtier entkommen kann.

Vorsicht ist die Mutter der Porzellankiste

Unter denen, die meinen, sich mit Astrologie auszukennen, ist das Zeichen Jungfrau erstaunlich unbeliebt, bringt man mit ihm doch vor allem Krankheit, Arbeit und das Dienen in Verbindung – Aspekte des Lebens, die nur von den wenigsten als besonders reizvoll angesehen, sondern eher in die Kategorie notwendige Übel einsortiert werden. Zu allem Überfluß gelten Jungfrauen als bieder, hausbacken und langweilig. Zum Glück ist dem nicht so, wie bereits angedeutet wurde.

Krankheit, Arbeit und Dienen

Der Planet der Jungfrau ist schließlich Merkur, der den Verstand, die Geschicklichkeit und die List symbolisiert. Wer unter dieser Konstellation geboren wurde, weiß deshalb instinktiv, was am besten für ihn ist und was er tun muß, um es zu bekommen. Besonders herausragend ist hier die Fähigkeit, langfristig zu planen und große Ziele nicht durch unüberlegtes Handeln zu gefährden.

Langfristiges Planen

Jungfrauen sind nicht mehr oder weniger eitel als andere Menschen auch, aber sie haben einen großen Vorteil: Sie wissen, daß jede Form der Eitelkeit, die den Neid anderer provoziert, ihnen letztlich nur schaden kann. Wer, wie zum Beispiel viele Löwen, König spielen möchte, muß auch mit dem Königsmord rechnen – eine viel zu riskante Position, um für die Jungfrau attraktiv zu sein. In diesem Sinne gibt sie sich nach außen hin bescheiden, schließlich ist kein Beutetier so dumm, das Raubtier auch noch absichtlich auf sich aufmerksam zu machen. Da hat die natürliche Auslese schon zwangsläufig für eine besondere Entwicklung der Intelligenz gesorgt.

Cleverneß   Die dummen Jungfrauen sind bereits vor den Dinosauriern ausgestorben, und die, die übriggeblieben sind, sind so clever, daß eine Lebenssituation kaum so verworren und verfahren sein kann, als daß sie nicht wieder heil aus ihr herauskämen.

Eine der stärksten Seiten dieser Menschen ist es, daß sie die Kunst der Untertreibung beherrschen. Ihre Umgebung wird sie eher unter- als überschätzen, was sie zu ihrem Vorteil nutzen. Wer als harmlos gilt, wird nicht als Konkurrenz gefürchtet und geht daher zahlreichen unerfreulichen Auseinandersetzungen erfolgreich aus dem Weg. Während sich zwei Vorstadtcasanovas vor der Disko um das Mädchen ihrer Träume prügeln, verschwindet dieses vermutlich mit einem Jungfrau-Jüngling durch den Hinterausgang.

Viele Tierkreiszeichen mögen gelegentlich dem Größenwahn erliegen, dieses niemals. Merkurs Kinder wissen genau, daß es immer einen gibt, der größer, stärker und mächtiger ist als sie. Und sie wissen auch, daß dieser ihnen schaden wird, wenn sie seinen Zorn erregen. Eine der besten Möglichkeiten, eine solche Situation zu umgehen, ist es, einfach nicht aufzufallen. Wer nicht beachtet wird,

»Der bessere Teil der Tapferkeit ist Vorsicht.«

(WILLIAM SHAKESPEARE)

kann auch keinen Ärger bekommen. Wie gesagt: Jungfrauen sind clever und vorsichtig. Sie verhalten sich keineswegs feige, aber sie meiden unnötige Risiken. Genau das ist auch das Geheimnis ihres häufigen und beständigen Erfolgs.

Vorsicht

Sie werden zum Beispiel kaum einen Spitzenpolitiker finden, der dem Zeichen Jungfrau untersteht, diesen Job überlassen sie lieber den rauflustigen Widdern, den herrschsüchtigen Löwen oder den eitlen Waagen. Nein, erfolgreiche Jungfrauen werden zum Beispiel Staatssekretäre. Diese stehen politisch in der zweiten Reihe, kaum einer kennt sie mit Namen, und doch sind sie es, die die Politik im Land fast genauso beeinflussen wie die Regierung. Sobald es zu Wahlen kommt, können Parteipolitiker abgewählt werden, Staatssekretäre jedoch nicht. In den meisten Fällen bleiben sie selbst dann im Amt, wenn die Regierung wechselt.

Politiker müssen in den Wahlkampf ziehen und sich mit dem politischen Gegner auseinandersetzen, Jungfrau-Geborene umgehen dieses Problem und erlangen so mehr Macht mit weniger Risiko.

Jungfrauen sind vernünftig und praktisch. Das heißt nicht, daß sie brav und angepaßt wären, sie mögen nur keinerlei Art von Verschwendung. Deshalb schätzen sie Pünktlichkeit. Auf andere zu warten, bedeutet Zeitverschwendung und wird von ihnen nur selten toleriert. Sinnlose Anstrengungen sind in ihren Augen nicht nur dumm, sie sind schon nahezu ein Verbrechen. Aus diesem Grund findet man unter ihnen auch kaum

Pünktlichkeit

Wenige Kämpfer Kämpfer. Wer kämpft, verschwendet Energie, und er zerstört. Beides widerspricht der Lebenseinstellung dieses Tierkreiszeichens. Das berühmte Heraklit-Zitat »Der Krieg ist der Vater aller Dinge« erscheint einem echten Jungfrau-Menschen daher als eine der schwachsinnigsten Äußerungen, die je ausgesprochen wurden.

Dies bedeutet nicht, daß sie immer nur wahre Engel und Friedensapostel wären, im Gegenteil, denn ihr persönlicher Vorteil liegt ihnen sehr am Herzen. Sie machen gern Geschäfte, vor allem dann, wenn sie einen guten Profit erwarten können. In der Tat sind überdurchschnittlich viele Menschen, die unter diesem Zeichen geboren wurden, Händler und Gewerbetreibende.

Doch Geschäfte machen kann man nur mit jemandem, der über einen gewissen Wohlstand verfügt. Das hat nichts mit Nächsten*Praktisches Denken* liebe zu tun, das ist einfach nur praktisch gedacht. Die Jungfrau-Geborenen führen uns jeden Tag aufs neue vor Augen, daß eine humane und friedliche Welt keine weltfremde Utopie, sondern die einzig sinnvolle und profitable Lösung ist. Doch gibt es noch elf weitere Tierkreiszeichen, die sich nicht immer dieser Erkenntnisse bewußt sind.

Es gibt ein Zitat von Bertolt Brecht, das sinngemäß lautet: Was ist schon ein Banküberfall im Vergleich zur Gründung einer Bank! Wie auch immer man dies interpretieren mag, macht die Bank – und damit ihr Besitzer – ohne Zweifel auf Dauer das sehr viel bessere Geschäft als der Bankräuber. Und nun wissen Sie auch, warum das Land der Banken,

die Schweiz, diesem Tierkreiszeichen zugeordnet wird.

Jungfrauen verlassen sich niemals auf ihr
Glück, unter ihnen gibt es nur selten Spieler-
naturen. Sie setzen auf ihre Vorsicht, ihre Vernunft, ihre Cleverneß, ihren praktischen Verstand und ihre Beharrlichkeit. Eine derartige
Kombination ist praktisch unschlagbar. Außerdem besitzen sie die Fähigkeit – auch das muß
einmal gesagt werden –, die menschlichen
Schwächen anderer zu ihrem Vorteil zu nutzen. Sie werden kaum am Roulettetisch sitzen
und ihr Geld verspielen. Aber vielleicht gehört
ihnen der Roulettetisch oder gar die ganze
Spielbank.

Vernunft

Schenkt man den gängigen Büchern über
Tierkreiszeichen Glauben, dann sind Jungfrauen ordentlich bis zur Pedanterie, man
kann bei ihnen problemlos vom Fußboden
essen. Ihre wirtschaftlichen Verhältnisse sind
geordnet, und ihr Bankkonto bietet eine solide
Rücklage. Das mag in einigen Fällen stimmen,
aber die meisten Vertreter dieses Zeichens
können über derlei Äußerungen lediglich bitter
lachen. Es gibt mehr Chaoten unter ihnen, als
man für möglich halten möchte. Das hängt
damit zusammen, daß sie so ausgezeichnete
Beobachter sind. Nichts, was für sie von Bedeutung wäre, kann ihrer Aufmerksamkeit
entgehen. Es wurde bereits erwähnt, daß Jungfrauen in der Tieranalogie den Beutetieren
entsprechen. Um genauer zu sein: Sie tragen
den Archetypus des Revierwarners in sich,
und dessen Aufgabe ist es, jede mögliche Bedrohung früher als andere zu erkennen und
entsprechend Alarm zu schlagen.

*Ordnungs-
sinn*

Wenn Ihnen also zum Beispiel jemand ein scheinbar unwiderstehliches geschäftliches Angebot macht und Sie wissen wollen, was an der Sache faul sein könnte, fragen Sie eine Jungfrau. Sie wird Ihnen umgehend verraten, wo der Hase im Pfeffer liegt. Wenn eine Jungfrau an einer Sache keinen Haken findet, dann liegt dies ausschließlich daran, daß es keinen gibt.

Wer alles beobachtet, alles analysiert und auf eine mögliche Bedrohlichkeit hin prüft, hat notwendigerweise Schwierigkeiten, sich zu entspannen. Ein Augenblick der Unachtsamkeit, des Sichgehenlassens, kann schließlich lebensbedrohlich sein. So empfindet es zumindest das Unbewußte der Jungfrau-Persönlichkeit. Und die Angst vor der Bedrohung kann sich im Extremfall verselbständigen. Meist eher harmlos ist hier der verbreitete *Hang zur Hypochondrie.* Viele Jungfrauen besitzen eine reichlich gefüllte Hausapotheke, damit sie jedem möglichen Leiden unverzüglich auf den Pelz rücken können. Ein großer Teil von ihnen hat ein schon fast erotisches Verhältnis zu Salben, Pflastern, Tabletten und Tropfen. Bei manchen ist die Liebe zu diesen Dingen gar so stark, daß sie einen medizinischen Beruf ergreifen. Wenn die Vorsorge allerdings so weit geht, daß man jede Nacht mehrfach aufsteht, um zu überprüfen, ob die Haustür auch wirklich fest abgeschlossen ist, wird die Sache schon bedenklicher.

Was könnte für einen Menschen, der sein Leben in ange-

Hang zur Hypochondrie

»Vorsicht und Mißtrauen sind gute Dinge, nur sind ihnen gegenüber Vorsicht und Mißtrauen nötig.«

(CHRISTIAN MORGENSTERN)

spannter Aufmerksamkeit zubringt, anziehender sein, als sich treiben zu lassen und alles nicht mehr so eng zu sehen? So groß die Angst vor dem Kontrollverlust auch sein mag, die Sehnsucht danach ist ebenso groß. Daher gibt es unter den Jungfrau-Geborenen mehr Menschen, die gern einmal einen über den Durst trinken, als man meinen könnte. Selten werden sie dabei aus der Rolle fallen – so stark geben sie ihre Selbstkontrolle nicht auf –, aber die entspannende Wirkung des Alkohols wissen viele von ihnen zu schätzen, insbesondere wenn sie beruflich unter Druck stehen. Und falls Sie einen Jungfrau-Menschen kennen, der raucht, so können Sie sicher sein, daß er auf die einzelne Zigarette genau weiß, wieviel er täglich konsumiert. Und hin und wieder wird er einen nikotinfreien Tag einlegen, um sich zu entgiften und zu beweisen, daß er sich noch im Griff hat.

Jungfrauen, die sich nicht trauen, ihre chaotischen Persönlichkeitsanteile selbst auszuleben, fühlen sich in vielen Fällen zu Menschen hingezogen, die damit keine Probleme haben.

Wer munter in den Tag hineinlebt, ständig vergißt, sein Auto oder seine Wohnung abzuschließen, wer Aufräumen und vernünftige Planung für Zeitverschwendung hält, wird auf eine echte Jungfrau mindestens genauso anziehend wie abstoßend wirken. Für sie ist es natürlich ein Zeichen von ausgemachter Dummheit und Verantwortungslosigkeit, sich so zu verhalten, doch gleichzeitig ist es in ihren Augen unfaßbar mutig, wenn man es wagt, so zu leben.

Angespannte Aufmerksamkeit

Selbstkontrolle

Die Qual der Wahl

Der Jungfrau geht es darum, eine Aufgabe mit
Fleiß, Geschick und persönlichem Einsatz
bestmöglich zu erledigen. Das heißt genauer
gesagt, daß es bei diesem Tierkreiszeichen
Prinzip ist, aus *jeder* Sache das Beste zu
machen. Und dazu gehört auch das eigene
Leben. Wer schon einmal diät gelebt hat, kennt
den Unterschied zwischen »schlechten« und
»guten« Futterverwertern. Die guten sollen diejenigen sein, deren Körper die Fähigkeit hat,
alle aufgenommenen Nahrungsstoffe optimal
zu nutzen. In der Praxis bedeutet das allerdings
nichts anderes, als daß ebenjene schneller dick
werden. Jungfrauen sind gute bis optimale Le-
bensverwerter. Niemand vermag sich besser als
sie auch in schwierigen Situationen eine Ni-
sche zu schaffen, in der sie sich wohl fühlen
können. Das ist die gute und beneidenswerte
Seite dieses Tierkreiszeichens. Die Schwierigkeit liegt jedoch im ungewöhnlich großen Hang
Passivität   zur Passivität, der es im Extremfall unmöglich
macht, die Initiative zu ergreifen und von sich
aus etwas zu verändern. So wird eine typische
Jungfrau auch dann noch bei einem Partner
bleiben, wenn sich die Beziehung schon längst
überlebt hat. Schließlich kann sie sich mit
allem arrangieren, daher wird es ihr nicht
schwerfallen, sich ihr Leben so einzurichten,
daß sie mit ihrer unglücklichen Beziehung
ganz gut zurechtkommt. Nicht, daß sie sich in
der Situation wirklich wohl fühlt. Lernt sie jemanden kennen, der sie aus dieser Lage her-
aussholt, ist sie durchaus dazu fähig, Konse-
quenzen zu ziehen und von heute auf morgen

unwiderruflich einen Schlußstrich zu ziehen. In dieser Hinsicht sind die Jungfrau-Geborenen fast schon erschreckend unsentimental. Sie lieben ihre Umgebung und festen Gewohnheiten, doch wenn sie sich einmal zu einem Bruch entschlossen haben, führt kein Weg mehr zurück. Aus eigenem Antrieb würden sie allerdings kaum einen solchen Schritt unternehmen.

Jungfrauen sind Anpassungskünstler, keine Revolutionäre. Aber wir alle wissen, daß es genügend Lebensmuster gibt, an die man sich besser *nicht* anpaßt, die man aufgeben sollte oder die man grundlegend umkrempeln müßte. Genau an dieser Stelle liegt der Schwachpunkt dieses Zeichens verborgen. Wenn es um Eigeninitiative geht, um die Herausforderung, selbstverantwortlich das Leben in die Hand zu nehmen, sind die meisten Jungfrauen nicht besonders erfolgreich. Es klingt schon seltsam: Auf der einen Seite gibt es kein selbständigeres Zeichen als dieses. Jungfrauen lernen meist früh, für sich selbst zu sorgen, und sie besitzen so viel praktischen Verstand, daß sie immer und überall durchkommen. Stellen Sie einer Jungfrau ein Problem, und sie wird Ihnen innerhalb kürzester Zeit eine gangbare Lösung anbieten. Herausforderungen, an denen andere verzweifeln, bewältigt sie mit der gleichen Leichtigkeit wie andere Kreuzworträtsel oder Schachaufgaben. Wenn es jedoch um die großen Entscheidungen im Leben geht, etwa für einen Beruf, einen Ortswechsel oder eine Partnerschaft, so sind Jungfrauen oft

> »Der Weise kennt keine unumstößlichen Grundsätze: Er paßt sich anderen an.«
>
> (LAOTSE)

Herausforderung

irritierend hilflos. Die Redensart von der
»Qual der Wahl« hat wohl eine Jungfrau erfun-
den. Für die großen Entscheidungen im Leben
braucht sie immer einen Manager. Sei es der
Partner, ein Freund oder die Eltern. Einrichten kann sie sich überall, und die kleinen Entscheidungen ergeben sich nahezu von selbst.
Eine besondere Stärke der Jungfrau ist wie gesagt die Fähigkeit, langfristig zu planen und geduldig auf die richtige Gelegenheit zu warten.
Doch sollte das nicht auf Kosten der Spontaneität gehen. Und dies ist spätestens dann der
Fall, wenn man sogar darüber nachdenkt, ob
man über einen Scherz lachen soll oder doch
besser still ist.

Das Bild der Jungfrau ist das der Reife und
der Erwartung. Die Tierkreiszeichen bauen in
ihren Inhalten und Bedeutungen aufeinander
auf, und die Jungfrau ist das Zeichen, das der
Waage, dem Symbol der Begegnung und Partnerschaft, vorausgeht. Dies symbolisiert die
Bereitschaft zur Begegnung, die Fähigkeit, sich
auf andere, insbesondere den Partner, hun-
dertprozentig einzulassen.

Jungfrauen verstehen es meisterhaft, ihre
wahren Gefühle zu verbergen. So gut, daß sie
oft selbst nicht mehr wissen, was sie in Wahrheit empfinden. Genauso ausgeprägt ist jedoch ihr Talent, ihren Empfindungen Aus-
druck zu verleihen, was schon allein an der
Vielzahl talentierter Schauspieler zu erkennen
ist, die unter diesem Tierkreiszeichen geboren
wurden. Aus Angst, zuviel von sich preiszuge-
ben, machen viele Merkur-Geborene von dieser besonderen Begabung kaum Gebrauch.
Das ist schade, denn damit nehmen sie den

Menschen in ihrer Umgebung die Möglichkeit, angemessen auf sie eingehen zu können. Hier hilft es, wenn sie sich auf ihr einmaliges Unterscheidungsvermögen verlassen und prüfen, wem sie sich offen zeigen wollen und wem nicht. Jungfrauen, die gelernt haben, ihre Gefühle zu zeigen, profitieren in sämtlichen Bereichen davon, und sie haben vor allen Dingen mehr Spaß am Leben und am Zusammensein mit anderen.

Das Jungfrau-Kind

Kinder, die unter diesem Tierkreiszeichen geboren wurden, fallen oft zuerst dadurch auf, daß es an ihnen gar nichts Auffälliges gibt. Meist sind nur ihre Eltern von ihnen fasziniert, die – wie wohl alle anderen Eltern auch – der Ansicht sind, das schönste Baby der Welt zu haben.

Unauffälligkeit

Falls nicht ein Feuerzeichen-Aszendent oder -Mond dazwischenkommt, sind Jungfrau-Kinder wirklich pflegeleicht. Weder durch übergroße Aktivitäten noch durch permanentes nächtliches Geschrei wird sich der Nachwuchs in unerfreulicher Weise hervortun. Zu solchen Mitteln wird das Kind nur in echten Notsituationen greifen, denn die Abneigung gegen jede Form von Verschwendung, also auch unnötiger körperlicher Anstrengungen, ist ihm angeboren. Nach dem Krabbelalter sind nur wenige Jungfrau-Kinder ausgesprochen sportlich, und wenn, dann ziehen sie Sportarten vor, die mehr Geschicklichkeit erfordern und nicht sehr kräftezehrend sind. Selbst Schach gilt ja als Sport.

Wähleri-
sche Esser

In einer Hinsicht fallen sie aber doch auf: Beim Essen ist der Jungfrau-Nachwuchs wählerisch und heikel. Es gibt Kinder, die alles mit Begeisterung essen, Jungfrau-Kinder gehören bestimmt nicht dazu. Im Gegenteil: Schon zu einem frühen Zeitpunkt entwickeln sie in puncto Ernährung sehr klare Vorlieben und Abneigungen, und sie werden lieber hungern, als etwas zu essen, das ihnen nicht schmeckt. Mit hoher Wahrscheinlichkeit wird es schon bald vieles geben, was ihnen nicht mundet. Die Angelegenheit wird auch nicht leichter, wenn Sie dem Kind nur seine Lieblingsgerichte servieren. Das Problem ist damit keineswegs aus der Welt: Es möchte das Essen exakt so zubereitet haben, wie es das gewohnt ist. Selbst kleine Variationen werden in aller Regel empört zurückgewiesen. Kluge Kinderpsychologen behaupten seit Jahrzehnten, daß Säuglinge kaum Geschmacksunterschiede wahrnehmen können und daher die Babynahrung auf die Vorlieben der Mütter ausgerichtet sei. Wer ein Jungfrau-Kind hat, weiß, daß solche Theorien Unsinn sind. Ich kenne einen Fall, in dem der Säugling immer wieder die Muttermilch verweigerte, während er sie zu anderen Zeiten mit Begeisterung trank. Die Mutter – die selbst unter diesem Zeichen geboren war und dementsprechendes Einfühlungsvermögen mitbrachte – fand schließlich heraus, daß es an der Leberwurst lag: Jedesmal wenn sie diese am Morgen gegessen hatte, wollte das Kind seine Muttermilch nicht trinken. Soviel also zum Thema Geschmacksnerven bei Säuglingen.

So anstrengend das sonst so unproblematische Jungfrau-Kind auch in dieser Hinsicht sein mag: Sie sollten nicht versuchen, ihm seine scheinbaren Eßlaunen abzugewöhnen. Jungfrauen haben ein empfindliches Verdauungssystem, und die falschen Nahrungsmittel *Ernährung* können Beschwerden bis hin zu Krämpfen und Allergien verursachen. Hier muß man der Natur freien Lauf lassen. Denn was einem Jungfrau-Kind schmeckt, das verträgt es in aller Regel, und was es nicht mag, das sollte es auch besser nicht essen.

In der weiteren Entwicklung werden Sie feststellen, daß diese Kinder gern lernen. So unglaublich es klingen mag: Es macht ihnen wirklich Spaß. Das einzige, was dem Merkur-Nachwuchs die Freude daran verderben kann, ist die Schule, das heißt unfähige Lehrer, die die Kinder zwingen, unsinnigen und langweiligen Wissensstoff zu pauken. Im Unterschied zu den Zwillingen, die Informationen um ihrer selbst willen lieben, müssen Jungfrau-Kinder den praktischen Nutzen dessen erkennen, was sie lernen sollen, um wirklich Freude daran zu haben. Dann allerdings können sie einen stillen, aber unstillbaren Ehrgeiz entwickeln, denn ihr Selbstwertgefühl ist an ihre Leistung gekoppelt. Sie wollen gut sein und brauchen dementsprechend schon frühzeitig

> »Nicht für die Schule, fürs Leben lernen wir.«
>
> (NACH SENECA)

Anerkennung. Nichts macht einen solchen kleinen Racker glücklicher und stolzer auf sich selbst als die Bestätigung von Erwachsenen, daß er etwas wirklich gut gemacht hat. *Lob* Loben Sie Ihr Kind, was das Zeug hält, und Sie werden es so gut wie nie zu irgend etwas zwingen müssen.

Fördern Sie seine Eigenständigkeit, denn diese Kinder können schneller und besser auf sich aufpassen als die meisten ihrer Altersgenossen. Das heißt nicht, daß sie sich diese Fähigkeit unbedingt anmerken lassen, schließlich sind sie nicht dumm, und sie wissen, daß man ihnen bestimmte Dinge nicht mehr abnimmt, wenn sie diese genausogut selbst erledigen können. Zeigen Sie dem Jungfrau-Kind die Vorteile, und es wird mit zwölf Jahren reifer, vernünftiger und unabhängiger sein als viele Erwachsene.

Abschließend wäre an dieser Stelle noch anzumerken, daß Jungfrauen außerordentlich *Geschick-* oft besonders geschickte Hände haben, und *lichkeit* das gilt natürlich auch schon für die Kinder. Fördern Sie diese handwerkliche Begabung, und lassen Sie das Kind viel und reichlich basteln, wenn es Interesse dafür bekundet.

Es gibt zehnjährige Jungfrau-Geborene, die problemlos einen mechanischen Wecker auseinandernehmen und wieder zusammensetzen können, ohne daß irgendwelche Teile dabei übrigbleiben. In den meisten Fällen funktioniert die Uhr hinterher besser als zuvor. Und wenn einige Jahre später bei Ihnen einmal eine Tür klemmt oder ein Wasserhahn tropft, wissen Sie, wie Sie die Kosten für den Handwerker sparen können.

Die Jungfrau-Frau

Die typischen Jungfrau-Damen sind keine »Glamour-Girls«. Nur selten werden sie die neueste provozierende Mode in knalligen Farben tragen und so vorbeifahrende Autofahrer aus der Fassung bringen. Sie sind eher der Typ, der von den Männern in ihrer Umgebung als zuverlässiger Kumpel betrachtet wird, bis die Männer irgendwann einmal genauer hinschauen. Die Phantasievolleren unter ihnen werden dann schnell ins Träumen geraten und sich vorstellen, wie ihr pflichtbewußtes weibliches Gegenüber wohl ohne die strenge Brille und mit offenen Haaren aussähe.

Zuverlässige Kumpel

Für kultivierte und feinsinnige Männer sind damit Merkur-Damen letztlich wesentlich faszinierender als andere Frauen, die ihre Reize so unübersehbar ins rechte Licht rücken, daß keine Fragen mehr offenbleiben. Und das ist durchaus im Sinne der Jungfrau-Damen, denn ihnen ist jegliches allzu Laute, Aufdringliche, Ordinäre und Primitive ausgesprochen unangenehm. Ein Mann, der diese Eigenschaften schätzt, ist bei ihnen schlichtweg an der falschen Adresse.

Wer das Herz einer solchen Merkur-Frau erobern will, braucht in der Regel gute Manieren, Ausdauer und beste Nerven. Denn diese Damen sind meist zurückhaltend bis reserviert und so gut wie nie im Sturm zu erobern. Im Gegenteil, sie sind durchaus in der Lage, allzu tolldreisten Verehrern mit ein paar spitzen Bemerkungen so den Kopf zu waschen, daß jene auf der Stelle und für immer die

Zurückhaltung

Flucht ergreifen. Doch selbst wenn die Jungfrau bis über beide Ohren verliebt ist, kann es vorkommen, daß weder der Mann ihrer Träume noch sonst jemand etwas davon bemerkt. Schlimmstenfalls noch nicht einmal sie selbst. Schließlich hat sie sich im Griff, und nichts ist ihr unangenehmer, als den eigenen Gefühlen wehrlos ausgeliefert zu sein. Lieber tut sie so, als ob sie gar keine hätte.

Da Jungfrau-Damen so gut wie immer auch ausgesprochen selbständig sind, einen eigenen Kopf und eine eigene Meinung haben, werden nur sehr selbstbewußte oder wirklichkeitsfremde Interessenten den Mut haben, sich ihnen zu nähern. Schon nach kurzer Zeit in ihrer Gesellschaft werden sich die meisten wie ein Präparat fühlen, das unter ein Mikroskop gelegt wurde, durch das sie die Jungfrau untersucht. Es gibt keine besseren Beobachter als die Jungfrauen, nicht das Geringste entgeht ihrer Aufmerksamkeit. Und wenn sie etwas (oder jemand) interessiert, dann schauen sie eben noch ein wenig genauer hin.

»Drum prüfe, wer sich ewig bindet,
Ob sich das Herz zum Herzen findet!«

(FRIEDRICH SCHILLER)

Nur wenige Männer halten diesem prüfenden Blick stand, und noch weniger kommen nach einer solchen Untersuchung in die engere Wahl und in die Gunst ihrer Angebeteten. So dauert es naturgemäß oft relativ lange, bis eine Jungfrau-Dame eine dauer- und ernsthafte Bindung eingeht. Für sie ist das aber nur in seltenen Fällen ein Problem, kommt sie doch ganz gut allein zurecht und weiß die Vorteile des Ungebundenseins durchaus zu schätzen.

Jungfrau-Damen versuchen ihr Leben in geordneten und überschaubaren Bahnen zu halten, und eine ihrer schwierigsten Erfahrungen ist sicherlich, daß die Liebe und der Verlauf einer Partnerschaft sich letztlich jeder Berechenbarkeit entziehen. So kann es trotz sorgfältigster Auswahl des Partners nach einigen Jahren zur großen Ernüchterung kommen, weil sich Entwicklungen ergeben haben, die sie weder gewollt noch geplant hatte. Dabei ist ein Grund für ihre große Vorsicht beim Eingehen von Bindungen ja, daß sie sich mit grundsätzlichen Veränderungen im Leben eher schwertut. Und die Beendigung einer Beziehung, die Aufgabe eines gemeinsamen Lebensentwurfs, gehört sicherlich zu den größten Einschnitten, die in einem Menschenleben stattfinden können. Ohne die Unterstützung guter Freunde, der Eltern oder besser noch eines neuen Partners wird ihr der Absprung aus einer gescheiterten Partnerschaft äußerst schwer fallen. Hinzu kommt dabei noch, daß eine angenehme und geordnete häusliche Umgebung für ihr seelisches Gleichgewicht wichtig ist.

Überschaubarkeit des Lebens

In solchen Lebenskrisen können dann die Schattenseiten der Jungfrau in den Vordergrund treten. So ist sie durchaus in der Lage, all die Schwächen ihres Partners, von denen dieser glaubte, daß sie ihr entgangen wären, bei jeder passenden und unpassenden Gelegenheit zu erwähnen. Nützt dies nichts, wird sie dazu übergehen, ihn offen oder hinter seinem Rücken vor anderen bloßzustellen. Die sonst so vornehme und zurückhaltende Jungfrau-Dame kann ausgesprochen distanz-

Schattenseiten

los und scharfzüngig werden, wenn sie sich unter Druck gesetzt und in die Enge gedrängt fühlt.

In einer glücklichen Beziehung kann sie dem Mann ihres Herzens jedoch den Himmel auf Erden bereiten. Sie hat ihn sich ausgesucht und für gut befunden – trotz seiner vielen Fehler. Da er eh durchschaut ist, braucht er sich auch nicht mehr zu verstecken, sondern kann sich so geliebt fühlen, wie er nun mal ist.

Die Jungfrau-Damen sind praktisch und realistisch, sie behalten selbst in den romantischsten Situationen einen klaren Kopf und geben sich keinen Illusionen hin. Sie werden nie etwas Unmögliches von ihrem Partner erwarten. Der Mann an ihrer Seite wird also zu keiner Zeit Anlaß haben, sich von ihr überfordert zu fühlen. Allerdings sollte er auch nicht erwarten, ununterbrochen angehimmelt und mit Liebeserklärungen überhäuft zu werden – das ist nun wahrlich nicht ihre Art.

Ich sagte es ja schon: Allzu heftige Gefühlsausbrüche sind einer Jungfrau-Geborenen besonders zuwider, sowohl bei sich selbst wie auch bei ihrem Partner. Sie zeigt ihm lieber indirekt, wie sehr sie ihn schätzt. Mit ihrer *Unbestechliche Beobachtungsgabe* unbestechlichen Beobachtungsgabe hat sie schließlich längst erkannt, was er mag und was er sich in der Partnerschaft wünscht. Und solange sie sich mit ihm wohl fühlt, wird sie auch sicherstellen, daß er es bekommt. Jeder Mann, der bei Verstand und mit einer Jungfrau-Dame liiert ist, wird daher aus purem Eigeninteresse alles unternehmen, um ihr Wohlbefinden zu erhalten.

Der Jungfrau-Mann

Jungfrau-Männer lieben die Ordnung, dies ist nicht immer und notwendigerweise die Ordnung in der Wohnung, stets aber die in ihrem Kopf. Um sich wohl zu fühlen, muß ihr Lebensumfeld überschaubar sein, das gilt für Zeitabläufe wie für die Beziehungen zu ihren Mitmenschen. Sie mögen es gar nicht, wenn man sie zu eiligen Entscheidungen drängt, und wenn sie einer zu großen Flut neuer und verwirrender Eindrücke ausgesetzt sind, werden sie regelrecht krank.

Geordnete Lebens- umstände

Auf Streß und Druck von außen reagieren sie in einer ungewöhnlichen Weise: Wo andere Tierkreiszeichen sich wütend gebärden oder in Verzweiflung ausbrechen, bleiben sie nach außen hin nahezu ungerührt. Sie wirken oft, als ob alles an ihnen abperlt. Das täuscht allerdings sehr. Um genau zu sein: Es gibt nichts, was ein Jungfrau-Mann sich nicht zu Herzen nähme. So hat seine außergewöhnliche Beobachtungsgabe nicht nur Vorteile, schließlich läßt sie ihn auch solche Dinge wie durch eine Lupe wahrnehmen, die er am liebsten niemals gesehen hätte.

Hinzu kommt, daß Jungfrauen gar nicht anders können, als auf jede Situation zu reagieren. In der Psychologie würde man hier von einem Reflexzwang sprechen. Es ist, wie wenn der Arzt mit dem Gummihämmerchen auf die Patellarsehne (Kniesehne) klopft: Ein gesundes Bein reagiert darauf, indem es sich auf fast schon magische Weise nach oben bewegt. Tatsächlich sind Jungfrau-Geborene durch äußeren Einfluß leicht manipulierbar: Ist je-

Reflex- zwang

mand freundlich zu ihnen, müssen schon sehr gewichtige Gründe vorliegen, um dieses Verhalten nicht zu erwidern. Wenn sie jemand

Kritik kritisiert, werden sie sich dies sehr zu Herzen nehmen, schließlich sind sie in außergewöhnlichem Maße auf die Anerkennung ihrer Umgebung angewiesen. Jede Frau, die mit einem Jungfrau-Mann liiert ist, kann mit diesem Wissen und Fingerspitzengefühl das Ruder ihres Beziehungsschiffes in die Richtung lenken, die sie sich vorstellt. Das heißt natürlich nicht, daß Jungfrau-Männer willenlose Wesen wären, die man nach Belieben fernsteuern könnte. Doch ist es nun einmal eine ihrer ausgeprägtesten Eigenschaften, auf Umstände – seien sie privater oder beruflicher Natur – angemessen zu reagieren.

Allerdings werden die Jungfrau-Männer es ihren Mitmenschen nicht allzu leicht machen, sie in dieser Hinsicht zu durchschauen. Im Gegenteil: Je tiefer sie etwas innerlich bewegt, um so mehr werden sie darauf achten, nach außen hin völlig ungerührt zu erscheinen. Je faszinierter sie von etwas oder jemandem sind, desto gelangweilter werden sie scheinen. Gerade bei der Anbahnung von Freundschaften oder Beziehungen führt das vielfach zu Mißverständnissen und Umwegen, doch keine Sorge: Wenn ein Jungfrau-Mann für jemanden Interesse entwickelt hat, ist das einzige, was beide Seiten mitbringen müssen, ein wenig Geduld, denn alle überhasteten Ent-

Geduld scheidungen und Aktivitäten sind ihm ein Greuel.

Ein Jungfrau-Mann, der sich über etwas geärgert hat oder sich gar in einer persönlichen Krise befindet, ist sehr leicht an zwei Dingen zu erkennen: Entweder überkommt ihn die Putzwut, was schlimmstenfalls so weit gehen kann, daß er die leeren Weinflaschen im Keller nach den Etiketten alphabetisch sortiert. Oder aber er wird krank, nichts Besorgniserregendes, aber ihn plagt irgendein Zipperlein, das ihm das Recht gibt, sich so lange aus dem Verkehr zu ziehen, bis seine seelischen Wunden verheilt sind.

> »Gut bei allem ist Ordnung.«
>
> (HOMER)

Diese Merkur-Männer lieben die Routine über alles, denn sie gibt ihnen ein Gefühl von Sicherheit in dem sie ansonsten umgebenden Chaos. Je mehr Dinge in ihrem Leben klar und eindeutig geregelt sind, um so besser. Es gibt keine echten männlichen Vertreter dieses Tierkreiszeichens (außer denjenigen mit einer verletzten Sonne oder dem Aszendenten bzw. Mond in einem Feuerzeichen), für die dies nicht zuträfe. Die wenigen, die behaupten, daß sie ein geregeltes Leben verabscheuen, sind ausnahmslos diejenigen, die eben genau ein solches führen und sich deshalb den Luxus leisten können, darüber zu mäkeln. Womit wir ein weiteres Thema des Jungfrau-Mannes aufgedeckt hätten: Ein wenig unzufrieden muß er schon immer sein, damit er sich in seiner Haut so recht wohl fühlt. Schließlich ist es seine Passion, alle Dinge in seiner Umgebung unter dem Gesichtspunkt der Verbesserungsfähigkeit wahrzunehmen; und er wird nur selten etwas entdecken, das er nicht für verbesserungsfähig hält. Das betrifft leider auch die Partnerin, und wer mit einem solchen Mann

Unzufriedenheit

zusammen ist, sollte sich in dieser Hinsicht am besten sofort eine dicke Haut zulegen.

Heftige Gefühlsausbrüche werden Sie bei ihm dafür selten erleben. Ihm bedeutet die be-ruhigende Beständigkeit seines Seelenlebens mehr als die Kultivierung eines südländischen Temperaments. Frauen, die einen Partner su-chen, der den Kopf voller verrückter Ideen hat, der sie ständig mit Komplimenten über-häuft, romantische Abende inszeniert und sie mit originellen Geschenken verwöhnt, sollten ein anderes Tierkreiszeichen in Betracht zie-hen, denn für diese Dinge ist der Jungfrau-Mann nur äußerst selten geschaffen. Warum sollte er seiner Partnerin auch ständig Lie-beserklärungen machen? Schließlich ist er mit ihr zusammen, und das sollte als Beweis allemal reichen. Außerdem: Er hat ihr doch schon einmal seine Liebe gestanden, und so-lange er nicht mitteilt, daß sich seine Meinung geändert hat, besitzt diese Aussage Gültigkeit. Das mag ernüchternd klingen, und der Jung-frau-Mann ist auch nüchtern. Doch das hat nicht nur Nachteile: Er wird nie mehr verspre-chen, als er halten kann, er wird nicht ande-ren Frauen hinterherlaufen oder sein Geld verspielen.

Beständig-keit

Die meisten Jungfrau-Männer haben einen Hang zur Rechthaberei. Das kann manchmal ein wenig nerven, vor allem deshalb, weil sie tatsächlich fast immer recht behalten. Entwe-der weiß man etwas präzise, oder dieses Wis-sen ist nichts wert, das scheint ihre Maxime zu sein. Dafür wissen sie immerhin ganz genau, was sie an ihrer Partnerin haben – und das ist ja auch schon eine Menge wert.

Recht-haberei

Die Bedeutung des Geburtstages

Das folgende Kapitel behandelt die einzelnen Geburtstage, die in Gruppen von jeweils drei Tagen zusammengefaßt sind. Dies erlaubt eine wesentlich persönlichere Deutung, als es über das Tierkreiszeichen allein möglich wäre. Wenn Sie die Aussagen zu den jeweiligen Geburtstagen mit dem, was Sie über das Tierkreiszeichen Jungfrau gelesen haben, kombinieren, werden Sie die Jungfrau-Persönlichkeit mit Sicherheit noch besser getroffen finden.

Ergänzender Hinweis: Die in den Geburtstagsgruppen gemachten Aussagen leiten sich von den sogenannten »Kritischen Graden« ab. Diese kommen in unterschiedlicher Häufigkeit über den gesamten Tierkreis verteilt vor. Wenn Sie also – etwa beim gründlichen Vergleich verschiedener Bände aus dieser Reihe – zu unterschiedlichen Daten den gleichen Text vorfinden sollten, ist dies kein Fehler, sondern Absicht. Bei diesen Menschen stand die Sonne zum Zeitpunkt der Geburt eben auf dem gleichen »Kritischen Grad«.

(21., 22.) 23. bis 25.8. (29 Grad Löwe bis 1 Grad Jungfrau)

Diese Konstellation (wie auch 8 bis 10 Grad Jungfrau) deutet allgemein auf ein umtriebiges Temperament hin. Man hat meist kein rechtes »Sitzfleisch«, muß ständig in Bewegung sein und reagiert nervös, wenn man einmal zur

Umtriebiges Temperament

Ruhe verurteilt ist. Der Handlungs-und-Aktions-Drang ist so groß, daß fast immer mehrere Projekte gleichzeitig angegangen werden.

Im Berufsleben ist das genauso der Fall wie
im Privatbereich. Freilich ist damit noch nicht
gesagt, daß Angefangenes auch immer zu Ende
geführt wird. In der Regel trifft eher das
Gegenteil zu – zuviel wird begonnen, und zu
gering sind Ausdauer und Geduld ausgeprägt.
Stören wird das diese Menschen kaum, sie
brauchen all ihre Energie, um die Folgen, die
sich aus gelungenen Projekten ergeben, zu
bewältigen.

Gesteigertes
Mitteilungs-
bedürfnis

Oft haben sie ein gesteigertes Mitteilungs-
bedürfnis – bis hin zur Redseligkeit. Aber es
können auch besondere intellektuelle Fähigkeiten und eine robuste Konstitution vorliegen. Diese Konstellation läßt Männer vielfach
bis ins höhere Alter jugendlich wirken, während sie bei Frauen des öfteren auf Beziehungen zu einem jüngeren Partner hindeutet.
Besondere schaupielerische Neigungen und
Fähigkeiten kommen überdurchschnittlich
oft vor. Außergewöhnliches Verhandlungsge-
schick und Geschäftssinn sind in vielen Fällen vorhanden.

26. bis 28.8. (2 bis 4 Grad Jungfrau)

Wer an einem dieser Tage geboren wurde, ist
oft eine besonders empfindsame Persönlichkeit. Häufig handelt es sich um Menschen mit
besonderen künstlerischen, aber auch esoteri-
schen Fähigkeiten. Da ihnen direkte Auseinandersetzungen nicht sonderlich liegen, besitzen sie die Begabung, ihre Umgebung durch

ihr eigenes Verhalten unmerklich in ihrem Sinne zu beeinflussen.

Meist verfügen sie über ein wenig stabiles Nervensystem. Dies zeigt sich häufig in Form von Wetterfühligkeit, erhöhter Infektionsneigung oder Unverträglichkeit von Medikamenten. Menschen mit dieser Konstellation haben manchmal Schwierigkeiten, sich mit dem praktischen Alltag abzufinden. Mehr oder weniger deutlich sind sie beständig von dem Empfinden beseelt, daß dies »doch nicht alles gewesen« sein kann, daß es etwas Größeres und Bedeutenderes geben muß, das dort draußen auf sie wartet, und sie nur hinausgehen müßten, um es zu entdecken. Wenn die Sehnsucht nach Höherem so überhandnimmt, daß der gewöhnliche Alltag als unerträglich, unbefriedigend sowie langweilig empfunden wird, kann dies fatale Folgen haben.

Instabiles Nerven- system

Diese Menschen scheinen einen sechsten Sinn zu besitzen, der ihnen dazu verhilft, immer im rechten Moment am rechten Ort zu sein. Wenn sie sich auf ihren Instinkt verlassen, liegen sie fast immer richtig. Gelegentlich verläßt sich jedoch der eine oder andere zu sehr auf sein Glück und schreckt auch vor illegalen und unmoralischen Machenschaften nicht zurück. Hier wird nach anfänglichen Erfolgen ihre sonst so zuverlässige Intuition versagen, was zu immensen materiellen Verlusten führt.

Guter Instinkt

Zum Glück kommt diese extreme Entsprechung nur sehr selten vor. Die meisten lernen einfach ziemlich früh, daß ihre Umgebung dazu neigt, ihre Fähigkeiten und ihre Bedeutung zu überschätzen. Da sie nichts getan haben, um diesen Irrtum zu fördern, sehen sie auch keinen Grund, ihn zu korrigieren. So kommen sie in den Genuß mancher Vorteile.

Einer meiner Klienten mit dieser Konstellation – die auch vorkommen kann, wenn die Sonne in einem anderen Tierkreiszeichen steht – sah zum Beispiel einem berühmten deutschen Schauspieler zum Verwechseln ähnlich. Wohin er auch kam, wurde er scheinbar »erkannt« und entsprechend bevorzugt behandelt. Er erhielt die besten Hotelzimmer; auch in einem voll besetzten Restaurant wurde auf geheimnisvolle Weise ein Tisch für ihn frei – und so weiter. Nachdem er gelernt hatte, daß seine Versuche, den Irrtum zu korrigieren, nur dazu führten, daß man ihn um so mehr als Schauspieler identifizierte, begann er sich mit seiner *Rollenspiele* Doppelgängerrolle anzufreunden. Höhepunkt der Entwicklung war, daß er besagten Schauspieler, der auch noch in der gleichen Stadt wie er lebte, eines Tages kennenlernte. Die beiden verstanden sich auf Anhieb, und der wirkliche Schauspieler engagierte ihn offiziell als Doppelgänger, der für ihn gesellschaftliche Veranstaltungen besuchte, auf die er selbst keine Lust hatte. So verdiente mein Klient mit seiner Ähnlichkeit auch noch Geld. Sicherlich ist ein solcher Fall die seltene Ausnahme. Dennoch entspricht er einem Prinzip, das für alle Menschen mit dieser Konstellation gilt.

Ein anderer wurde aufgrund seines vornehmen Auftretens immer für einen Adeligen gehalten, obwohl er ein »normaler« Bürger und Filialleiter eines Supermarkts war. Trotzdem wurde er überall mit besonderem Entgegenkommen und Respekt behandelt.

Eine Dame schließlich, die ebenfalls diesen Aspekt aufwies, schien die Fähigkeit zu haben, sich unsichtbar zu machen. Schon früh hatte sie erkannt, daß sie übersehen wurde, wenn sie es wollte. Sie nutzte dies für Theaterbesuche und Zugfahrten: Nach ihren Aussagen mußte sie niemals eine Karte lösen, in dreißig Jahren fiel sie kein einziges Mal auf, noch nicht einmal dann, wenn alle anderen kontrolliert wurden.

29. bis 31.8. (5 bis 7 Grad Jungfrau)

Wer an einem dieser Tage geboren wurde, hat oft ein außergewöhnliches Kommunikations- *Kommu-* talent. Die meisten von ihnen reden viel und *nikations-* gern. Da sie in der Tat etwas mitzuteilen haben *talent* und dabei auch noch unterhaltsam und amüsant sein können, hört man ihnen in den meisten Fällen bereitwillig zu. Nicht immer und nicht allen gelingt es allerdings, das richtige Maß einzuhalten, so daß mancher übersieht, daß sein Gegenüber gelegentlich auch gern einmal etwas sagen würde.

Unter den Menschen mit dieser Konstellation finden sich häufig geborene Lehrer: Keiner kann so gut wie sie schwierige Zusammenhänge allgemeinverständlich erklären. Ihre Begeisterung für ein Thema ist dabei durchaus ansteckend, so daß ihre Schüler auch tatsächlich bei der Sache sind und nicht nur gelangweilt das Ende der Stunde abwarten.

Diejenigen unter ihnen, die nicht solche Kommunikationsathleten sind, haben häufig eine Vorliebe für das Schreiben, gleichgültig, *Vorliebe* ob es sich dabei um Briefe, das Tagebuch, Ge- *für das* dichte oder einen Roman handelt. *Schreiben*

Besser als die meisten anderen Menschen sind sie in der Lage, Gefühle auszudrücken und sich in das Seelenleben anderer hineinzuversetzen. So nimmt es nicht wunder, daß, wer immer in ihrer Umgebung Kummer hat, bei ihnen Verständnis und Trost sucht. Da sie stets bereit sind, anderen zu helfen, bleibt ihnen vielfach kaum noch genügend Raum für ihr Privatleben. Oft bedarf es deutlicher Worte des Partners oder enger Freunde, damit sie lernen, sich ausreichend abzugrenzen.

So gut wie alle Menschen, die mit dieser Konstellation geboren wurden, besitzen eine außergewöhnliche geistige Beweglichkeit und eine hohe Intelligenz.

1. bis 3.9. (8 bis 10 Grad Jungfrau)

Diese Konstellation deutet auf ein umtriebiges Temperament hin. Man hat meist kein rechtes »Sitzfleisch«, muß ständig in Bewegung sein und reagiert nervös, wenn man einmal zur Ruhe verurteilt ist.

Ständige Bewegung

Der Handlungs-und-Aktions-Drang ist (wie bei 29 Grad Löwe bis 1 Grad Jungfrau) so groß, daß fast immer mehrere Projekte gleichzeitig angegangen werden. Im Berufsleben ist das genauso der Fall wie im Privatbereich. Freilich ist damit noch nicht gesagt, daß Angefangenes auch zu Ende geführt wird. In der Regel trifft eher das Gegenteil zu – zuviel wird begonnen, und zu gering sind Ausdauer und Geduld ausgeprägt. Stören wird das diese Menschen selten, sie brauchen all ihre Energie, um die Folgen, die sich aus den gelungenen Projekten ergeben, zu bewältigen.

Diese Konstellation kann auf ein gesteigertes Mitteilungsbedürfnis, manchmal bis hin zur Geschwätzigkeit weisen. Oft sind besondere intellektuelle Fähigkeiten und eine robuste Konstitution vorhanden. Wer an diesen Tagen geboren wurde, wirkt oft bis ins höhere Alter ausgesprochen jugendlich. Oftmals werden auch Partnerschaften mit wesentlich jüngeren Partnern eingegangen. Wenn andere Konstellationen im Horoskop dies bestätigen, kann das ein Hinweis auf besondere schauspielerische Neigungen und Fähigkeiten sein.

Jüngere Partner

Falls keine anderen Aspekte dem deutlich widersprechen, haben die an diesen Tagen Geborenen die beneidenswerte Fähigkeit, sich in jeder Umgebung im besten Licht darstellen zu können. Ohne daß sie etwas Besonderes unternehmen müssen, halten andere Menschen sie sehr schnell für kompetente und sympathische Persönlichkeiten, mit denen sie gern in Kontakt treten. Die angeborene Begabung, eigene Standpunkte so zu formulieren, daß sie einerseits beeindrucken, andererseits aber Andersdenkende nicht vor den Kopf stoßen, macht sie zu begehrten Gesprächs- und Diskussionspartnern.

Da sich höherentwickelte Persönlichkeiten mit dieser Konstellation oft eine erstaunlich umfangreiche und profunde Allgemeinbildung erworben haben, ohne dabei dogmatisch oder besserwisserisch zu werden, akzeptiert man sie auch gern als Vermittler in Auseinandersetzungen. Sie verstehen es, glaubwürdig und unparteiisch die jeweiligen Gemeinsamkeiten unterschiedlicher Standpunkte hervorzuheben, so daß gelegentlich sogar die Aussöhnung zwischen verfeindeten Parteien gelingt.

Vermittler

4. bis 6.9. (11 bis 13 Grad Jungfrau)

Typische Vertreter

Menschen, die an einem dieser Tage geboren wurden, sind die typischsten Vertreter ihres Zeichens. Die meisten von ihnen kann man regelrechte Glückskinder nennen. Was sie anpacken, gelingt ihnen so gut wie immer. Die Schwierigkeiten in ihrem Leben scheinen nur dafür dazusein, damit sie sich beweisen können, daß es kaum etwas gibt, mit dem sie nicht fertig werden. Diese Menschen brauchen große Herausforderungen, um sich selbst zu bestätigen und an ihnen zu wachsen. Ein Leben, das allzusehr in überschaubaren Bahnen verläuft, gibt ihnen nicht das Gefühl von Sicherheit, sondern sie langweilen sich schlicht zu Tode.

Manchmal gehen sie in diesem Fall unnötige Risiken ein. Das können gefährliche Sportarten, der Hang zum Glücksspiel oder gar illegale Aktivitäten sein. Und das alles nur, um sich ein wenig Nervenkitzel zu verschaffen. Wenn sie dann einige Jahre später zurückblicken und sich an ihre »Jugendsünden« erinnern (die durchaus nicht nur in der Jugend begangen werden), erschrickt so mancher nachträglich und ist baß erstaunt, bei soviel sträflichem Unsinn mit heiler Haut davongekommen zu sein.

Karriere

Viel einfacher haben es diejenigen, die ihre überschäumende Lebensenergie schon frühzeitig in konstruktive Bahnen lenken konnten. Menschen, die ihre berufliche Karriere auf der Überholspur machten, sind überdurchschnittlich häufig an diesen Tagen geboren. Ihre zahlreichen Erfolge sind niemals etwas, das sie auf Dauer befriedigen könnte, sondern lediglich

Etappen auf einem Lebensweg, der kein end-
gültiges Ziel zu kennen scheint. Diese Jungfrau-Geborenen müssen darauf achten, daß
sie sich und ihren Angehörigen auch einmal
ein wenig Muße gönnen. Denn was nützen Erfolg und Wohlstand schon, wenn man sich
nicht die Zeit nimmt, dieses auch einmal zu
genießen?

Genuß und
Muße

In Beziehungen verlangen sie ihrem Partner
ein hohes Maß an Toleranz ab. Das macht eine
Lebensgemeinschaft oder eine Ehe mit ihnen
nicht einfach. Nicht jeder ist dafür geschaffen,
mit einem derartigen Energiebündel umgehen
zu können. Wer es allerdings mit ihnen aus-
hält, wird dafür mehr als reichlich belohnt:
In puncto Großzügigkeit und Hilfsbereitschaft
nimmt es so schnell keiner mit ihnen auf.

7. bis 9.9. (14 bis 16 Grad Jungfrau)

Menschen mit dieser Konstellation (wie auch
26 bis 28 Grad Jungfrau) haben Schwierigkeiten, sich ihr Wissen durch normales Lernen zu
erwerben. Insgeheim sehnen sie sich nach
Weisheit und Erkenntnissen, die jenseits des
Alltagsverstandes liegen. Dieses Wissen befindet sich, wie sie ahnen oder gar intuitiv erkannt haben, in ihnen selbst. Es muß nicht erworben und geübt werden, es reicht aus, das
laute Tönen des Alltags zum Verstummen zu
bringen, um das Innere wahrnehmen zu können. So erfüllend der mythische Zugang zu
diesen inneren Wirklichkeiten sein kann,
nützt diese Gabe doch wenig bei der Bewältigung einer Fahrprüfung oder beim erfolgreichen Überqueren einer Straße.

Intuitives
Wissen

Hyper-sensibilität

Diese Konstellation kann auf eine ausgeprägte Hypersensibilität hindeuten, die oft regelrecht kommunikationslähmend wirkt. Das Bestreben, so genau wie möglich in Worte zu kleiden, was man sagen möchte, kann beim einen zu einem hilflosen Schweigen führen, da es nicht gelingt, Formulierungen zu finden, die den eigenen Ansprüchen genügen. Bei anderen mag sich diese Problematik ins scheinbare Gegenteil verkehren. Sie äußern sich ausführlich bis endlos, in der unbewußten Hoffnung, mit einer ihrer Redewendungen mehr oder weniger zufällig den Punkt zu treffen. In beiden Fällen mag es für einen Gesprächspartner deshalb eher schwierig sein, ein unverbindlich-freundliches Gespräch zu führen.

Während die einen aus dieser vermeintlichen Schwäche eine Stärke machen und in charmantem und liebenswürdigem Ton ausdauernde sinnfreie Gespräche führen können und dabei womöglich gar zu Partylöwen werden, entwickeln andere mit dieser Konstellation ihr hochdifferenziertes Sprachempfinden immer weiter. Auch hier ist, wie bei allen anderen Konstellationen auch, natürlich das persönliche Entwicklungsniveau entscheidend. Während der eine eine Vorliebe für Wortspiele, Limericks und ähnliches zeigen mag, wird der andere in wachsendem Maße ein Interesse für sprachlich komplexe Prosa und Poesie aufbringen.

Sprach-empfinden

Hochentwickelte Persönlichkeiten mit dieser Konstellation sind in ihren Formulierungen mit einem derartigen Geschick unbestimmt und vage, daß der Gesprächspartner genau das herauszuhören vermeint, was er gern möchte, ohne daß es jedoch so gesagt wurde. Diese Fähigkeit kommt Zauberkünstlern, Charmeuren und Hochstaplern genauso zugute wie beispielsweise Firmen- und Regierungssprechern, die die undankbare Aufgabe haben, vor einer lauernden Journalistenschar zu einem wichtigen Thema Stellung nehmen zu müssen, ohne dabei etwas Konkretes sagen zu dürfen.

Während manche die Fähigkeit zur Bildung von suggestiven Worthülsen perfektionieren, neigen andere zu außerordentlicher Wahrhaftigkeit, die jede Form von Selbstbetrug, Eitelkeit und Lüge demaskiert, ohne andere dabei bloßzustellen. Auch einige der modernen Hofnarren, nämlich die Kabarettisten, weisen diese Konstellation auf. Schließlich bringen Sie das Kunststück fertig, daß diejenigen, die sie kritisieren, zufrieden lachend im Publikum sitzen.

Moderne Hofnarren

10. bis 12.9. (17 bis 19 Grad Jungfrau)

Menschen mit dieser Konstellation (wie auch 29 Grad Jungfrau bis 1 Grad Waage) können selbst Unangenehmes oder Langweiliges so formulieren, daß es schön und interessant klingt. Fast immer besitzen sie die Fähigkeit, sich so auszudrücken, daß sie von ihrem Gesprächspartner verstanden werden.

Sie habe ein bemerkenswertes Talent zur Diplomatie, welche sie oft zu den besten Vermittlern überhaupt macht. Leider hat diese Stärke auch ihre Kehrseite: Sie können nur schwer nein sagen, unmißverständliche persönliche Meinungsäußerungen wird man von ihnen nur selten zu hören bekommen. So fällt es nicht leicht, ihnen gerecht zu werden und ihre Wünsche zu erfüllen: Der andere kennt sie einfach nicht.

Berufe

Diese Konstellation ist oft ein Hinweis auf ein besonderes Sprachtalent und eine wohlklingende Stimme. Sowohl Dolmetscher, Sprecher, Übersetzer, Fremdsprachenkorrespondenten als auch in der Kosmetik- und Kunstbranche Tätige sind häufig an diesen Tagen geboren.

Es finden sich ausgeprägte gesellige Neigungen. Am liebsten verbringen diese Menschen ihre Zeit im Freundeskreis. Da sie im Umgang mit anderen ausgeglichen und harmoniebetont sind, kommt fast jeder gut mit ihnen aus, und sie können sich in allen Gesellschaftskreisen problemlos bewegen.

Ihre Art, sich freundlich und verbindlich zu geben, kann dazu führen, daß sie von manchen als profillos und langweilig eingeschätzt werden. Andere glauben vielleicht sogar, sie ausnutzen zu können. Sie mögen jedoch lediglich keine unnötigen Auseinandersetzungen. Sollte ein Streit aber wirklich einmal unvermeidlich sein, so wehren sie sich ihrer Haut mit einer Intensität, daß ihren Kritikern Hören und Sehen vergeht. In der Regel haben sie jedoch ein so feines Gespür für die ihnen zusagende Umgebung, daß sie ungeeignete Kontakte abbrechen und sich neu orientieren, bevor es überhaupt zu Spannungen kommt.

13. bis 15.9. (20 bis 21 Grad Jungfrau)

Menschen mit dieser Konstellation besitzen oft die eigentümliche Gabe, auch die erfreulichste Nachricht so zu formulieren, daß es sich wie eine Katastrophe anhört. Dies ist ein Aspekt ihres besonderen Humors, der allerdings nicht von allen verstanden und geschätzt wird. Fast immer haben sie einen Hang zu ironisch-sarkastischen Formulierungen, die mit spitzer Zunge zum besten gegeben werden. Da generell die Neigung besteht, in vielen Situationen schneller zu sprechen als zu denken, sollten Mäßigung und Zurückhaltung im Verbalen trainiert werden. Schließlich kann eine unbedachte Äußerung sehr viel mehr Schaden anrichten als ein zu langes Schweigen.

Besonderer Humor

In den meisten Fällen sind diese Menschen überdurchschnittlich sprachbegabt, was sie sich, insbesondere bei ihrer Vorliebe für Ironie und Sarkasmus, auch beruflich als Journalisten und Kommentatoren zunutze machen können. Ihre Vorliebe für scharfe Formulierungen ist im Beruflichen grundsätzlich am besten aufgehoben. Hier weiß der Leser oder Hörer, Ironie und Sarkasmus sowie das eine oder andere doppeldeutige Bonmot zu schätzen. Im persönlichen Umfeld hingegen wird diese Neigung nur selten honoriert.

Viele Menschen mit dieser Konstellation haben eine besondere Begabung für analytisches Denken, solange die Aufgabenstellung nicht allzuviel Ausdauer verlangt. Bei ihnen handelt es sich eher um intellektuelle Sprinter, die kurzfristig Höchstleistungen vollbringen können, danach jedoch erschöpft sind und eine Pause brauchen.

Analytisches Denken

Die Erfahrung, eigene Überzeugungen einem anderen nicht eindeutig mitteilen zu können, führt oft zu Selbstzweifeln und ohnmächtiger Wut, die sich in gelegentlichen cholerischen

Ausbrüchen entladen kann. Lernaufgabe ist es, einen angemessenen Zugang zu den eigenen Aggressionen zu finden. Die ständigen Mißverständnisse zeigen, daß unbewußt eine Unterlegenheitshaltung eingenommen wird, da man immer noch Angst hat, für die eigene Stärke bestraft zu werden. Erst wenn alle Persönlichkeitsanteile verstanden haben, daß die Ohnmachtssituation der Kindheit und Jugend vorbei ist, wird man die eigenen Überzeugungen mit der gebotenen Deutlichkeit vertreten können.

16. bis 18.9. (22 bis 24 Grad Jungfrau)

Empfind-samkeit

Diese Menschen verfügen über eine überdurchschnittlich ausgeprägte Neigung, Empfindungen zu intensivieren und zu verallgemeinern. Auf alles, was als Einschränkung ihrer persönlichen Freiräume interpretiert werden kann, reagieren sie ausgesprochen empfindlich. So ist es verständlich, daß sie versuchen, sich eine Umgebung zu suchen oder zu schaffen, die das gesteigerte Bedürfnis nach emotionaler Expansion respektiert oder besser noch unterstützt und fördert. Bei Künstlern mag sich das in einem »Hofstaat« von Bewunderern zeigen, bei finanziell Wohlhabenden in der großherzigen Unterstützung für ärmere Menschen, die man auf diesem Wege von sich abhängig macht. Es gibt eine Vielzahl von Möglichkeiten, sich eine Umgebung zu schaffen, die einem Freiheiten ermöglicht, die andere nicht haben. Zu ihrer Ehrenrettung muß allerdings gesagt werden, daß Menschen mit dieser Konstellation tatsächlich über ein umfangreicheres (nicht notwendigerweise »besseres«) Seelenleben verfügen als die meisten anderen Menschen. Kann dies nicht ausgelebt werden, ergeben sich Verbitterung und seelische Erkrankungen bis hin zur Depression.

In diesem Zeitraum Geborene lassen gern andere an ihrem Glück teilhaben; wenn es ihnen gutgeht, ist es ihnen ein Bedürfnis, daß dies bei anderen in ihrer Umgebung ebenfalls der Fall ist, wofür sie im Rahmen ihrer Möglichkeiten auch häufig selbst Sorge tragen.

Die Fähigkeit, alle Aspekte des Lebens wie durch ein Vergrößerungsglas wahrzunehmen, bringt häufig eine gewisse Neigung zur Hypochondrie mit sich: Wenn man aus jeder Mücke einen Elefanten machen kann, dann wird aus harmlosen Kopfschmerzen nur allzuleicht ein Hirntumor, aus Bauchschmerzen eine Blinddarmentzündung und aus einem gereizten Leberfleck Hautkrebs. Auch in der persönlichen Umgebung wird mancher zu Übertreibungen neigen und sich ein wenig großartiger darstellen, als er in Wirklichkeit ist.

Übertreibungen

Es soll nicht unerwähnt bleiben, daß der Hang zu Übertreibungen bei Karikaturisten, Komikern, Pantomimen, Schauspielern und ähnlichen Berufen von Vorteil ist.

19. bis 21.9. (26 bis 28 Grad Jungfrau)

Menschen mit dieser Konstellation (wie bei 14 bis 16 Grad Jungfrau) haben Schwierigkeiten, sich Wissen durch normales Lernen zu erwerben. Insgeheim sehnen sie sich nach Weisheit und Erkenntnissen, die jenseits des Verstandes liegen. Dieses Wissen befindet sich, wie sie ahnen oder gar intuitiv erkannt haben, in ihnen selbst. Es muß nicht erworben und geübt werden, es reicht aus, das laute Tönen des Alltags zum Verstummen zu bringen, um das Innere wahrnehmen zu können. So erfüllend der *Mythischer Zugang* mythische Zugang zu inneren Wirklichkeiten sein kann, nützt diese Gabe doch wenig bei der Bewältigung einer Fahrprüfung oder beim erfolgreichen Überqueren einer Straße.

Diese Konstellation kann auf eine ausgeprägte Hypersensibilität hindeuten, die oft regelrecht kommunikationslähmend wirkt. Das Bestreben, so genau wie möglich das in Worte zu kleiden, was man sagen möchte, kann beim einen zu einem hilflosen Schweigen führen, da es nicht gelingt, Formulierungen zu finden, die den eigenen Ansprüchen genügen. Beim anderen mag sich diese Problematik ins scheinbare Gegenteil verkehren. Er äußert sich ausführlich bis endlos, in der unbewußten Hoffnung, mit einer seiner Redewendungen mehr oder weniger zufällig den Punkt zu treffen. In beiden Fällen mag es für einen Gesprächspartner deshalb ein wenig anstrengend sein, ein unverbindlich-freundliches Gespräch zu führen.

Während die einen aus dieser vermeintlichen Schwäche eine Stärke machen und in charmantem und liebenswürdigem Ton ausdauernde sinnfreie Gespräche führen können und dabei womöglich gar zu Partylöwen werden, entwickeln andere mit dieser Konstellation ihr hochdifferenziertes Sprachempfinden immer weiter. Hier ist, wie bei allen anderen Konstellationen auch, natürlich das persönliche Entwicklungsniveau entscheidend. Während der eine eine Vorliebe für Wortspiele, Limericks und ähnliches zeigen mag, wird sich der andere in wachsendem Maße für sprachlich komplexe Prosa und Poesie interessieren.

Hochentwickelte Persönlichkeiten mit dieser Konstellation sind in ihren Formulierungen mit einem derartigen Geschick unbestimmt und vage, daß der Gesprächspartner genau das herauszuhören vermeint, was er gern hören möchte, ohne daß es jedoch so gesagt wurde. Diese Fähigkeit kommt Zauberkünstlern, Charmeuren und Hochstaplern genauso zugute wie beispielsweise Firmen- oder Regierungssprechern, die die undankbare Aufgabe haben, vor einer lauernden Journalistenschar zu einem wichtigen Thema sprechen zu müssen, ohne dabei etwas Konkretes sagen zu dürfen.

Berufe

Während manche die Fähigkeit zur Bildung von suggestiven Worthülsen perfektionieren, entwickeln andere eine außerordentliche Wahrhaftigkeit, die jede Form von Selbstbetrug, Eitelkeit und Lüge demaskiert, ohne andere dabei bloßzustellen. Auch einige der modernen Hofnarren, nämlich die Kabarettisten, weisen diese Konstellation auf. Schließlich bringen sie das Kunststück fertig, daß diejenigen, die sie kritisieren, zufrieden lachend im Publikum sitzen.

22. bis 24.9. (29 Grad Jungfrau bis 1 Grad Waage)

Menschen mit dieser Konstellation (wie auch 17 bis 19 Grad Jungfrau) können selbst Unangenehmes oder Langweiliges so formulieren, daß es schön und interessant klingt. Fast immer besitzen sie die Fähigkeit, sich so auszudrücken, daß sie von ihrem Gesprächspartner verstanden werden.

Diplomatie Sie haben ein bemerkenswertes Talent zur Diplomatie, welche sie oft zu den besten Vermittlern überhaupt macht. Leider hat diese Stärke auch ihre Kehrseite: Sie können nur schwer nein sagen, unmißverständliche persönliche Meinungsäußerungen wird man von ihnen nur selten zu hören bekommen. So fällt es schwer, ihnen gerecht zu werden und ihre Wünsche zu erfüllen: Der andere kennt sie einfach nicht.

Diese Konstellation ist oft ein Hinweis auf ein besonderes Sprachtalent und eine wohlklingende Stimme. Sowohl Dolmetscher, Sprecher, Übersetzer, Fremdsprachenkorrespondenten als auch in der Kosmetik- und Kunstbranche Tätige sind häufig an diesen Tagen geboren.

Gesellige Es finden sich ausgeprägte gesellige Neigun-
Neigung gen. Am liebsten verbringt man seine Zeit im Freundeskreis. Da diese Menschen im Umgang mit anderen ausgeglichen und harmoniebetont sind, kommt fast jeder gut mit ihnen aus, und sie können sich in allen Gesellschaftskreisen problemlos bewegen.

Ihre Art, sich freundlich und verbindlich zu geben, kann dazu führen, daß sie von manchen als profillos und langweilig eingeschätzt werden. Andere glauben vielleicht sogar, sie ausnutzen zu können. Sie mögen jedoch lediglich keine unnötigen Auseinandersetzungen. Sollte ein Streit aber wirklich einmal unvermeidlich sein, so wehren sie sich ihrer Haut mit einer Intensität, daß ihren Kritikern im Zweifel Hören und Sehen vergeht. In der Regel haben sie jedoch ein so feines Gespür für die

ihnen zusagende Umgebung, daß sie ungeeignete Kontakte abbrechen und sich neu orientieren, bevor es überhaupt zu Spannungen
kommt.

Merkur regiert die Zeichen Jungfrau und Zwillinge

Welcher Mond-Typ ist die Jungfrau?

Jeder Mensch hat neben seinem Sonnen- auch ein Mondzeichen. Das Zeichen, in dem die Sonne steht, spiegelt unser Handeln wider, während das Mondzeichen Auskunft über unser Gefühlsleben gibt. Sie können also zum Beispiel ohne weiteres gleichzeitig Jungfrau-(-Sonne) und Krebs(-Mond) sein.

Gefühls-leben

Gerade wenn Sie einigen Aussagen zur typischen Jungfrau gar nicht recht folgen können, sollten Sie einmal unter dem Mondzeichen des Betreffenden nachschauen. In vielen Fällen werden Sie hier die Erklärung finden, warum und in welcher Weise sie sich von anderen Jungfrauen unterscheidet.

Für eine individuelle Horoskopdeutung ist das Mondzeichen eigentlich noch wichtiger als das Sonnenzeichen. Der Grund, warum das Mondzeichen längst nicht so bekannt ist und dementsprechend auch nicht ausreichend gewürdigt wird, liegt wie gesagt einfach an einem technischen Problem: Während Sie Ihr Sonnenzeichen leicht über Ihr Geburtsdatum feststellen können, ist dies beim Mondzeichen nicht so einfach.

Individuelle Horoskop-deutung

Hier wurden bisher Spezialtabellen, sogenannte Ephemeriden, benötigt, oder man bediente sich eines Computerprogramms. Mit Hilfe der Tabelle im Anhang (»Die Bestimmung des Mondzeichens«) können Sie allerdings sehr leicht das persönliche Mondzeichen der Jungfrau feststellen.

Widdermond

Die Kombination von Sonne in der Jungfrau und Mond im Widder weist auf ein besonders energisches Temperament hin, das mit der Fähigkeit verbunden ist, in fast allen wichtigen Lebenssituationen trotz heftiger seelischer Stürme überlegt zu handeln. Auf diese Weise werden viele Fehler vermieden, die sich ergeben würden, wenn Widdermond-Geborene ihren spontanen Stimmungen nachgäben. Wenn sie allerdings einmal die Selbstbeherrschung verlieren, dann gründlich. Es gibt in diesem Fall kaum noch eine Möglichkeit, sie zu stoppen. Im Affekt werden dann manchmal Dinge gesagt und getan, die man später lieber ungeschehen machen würde. Zum Glück kommen solche Situationen nicht allzuoft vor.

Überlegtes Handeln

Wer unter dieser Zeichenkombination geboren wurde, hat erkannt, daß er für sich und seine Handlungen selbst verantwortlich ist. Doch er weiß auch, daß er sich auf die Unterstützung von Freunden und Bekannten verlassen kann, wenn er diese wirklich benötigt. Umgekehrt kann auch seine Umgebung in schwierigen Situationen auf ihn zählen. Das macht den Umgang mit ihm in aller Regel angenehm, trotz seiner Ecken und Kanten, denn nichts ist ihm peinlicher, als anderen zur Last zu fallen. Nur selten werden Menschen mit dieser Konstellation andere für eigene Fehler verantwortlich machen, und so nehmen sie es auch gelassen hin, wenn Mitmenschen, die ihnen nicht allzu nahe stehen, über ihren

Zuverlässigkeit

Eigensinn gelegentlich den Kopf schütteln. Schließlich ist es ihr Leben, und sie sind nicht auf der Welt, um es allen recht zu machen.

Die entwickelten Persönlichkeiten unter ihnen zeichnen sich durch besondere Hilfsbereitschaft aus, die sie nicht an die große Glocke hängen, sie erwarten auch keinen besonderen Dank dafür. Gerade in schweren Krisen fällt es ihnen selbst nicht leicht, Hilfe anzunehmen. Sie haben an sich den Anspruch, mit allen Problemen des Lebens aus eigener Kraft fertig zu werden, und sind deshalb oft zu stolz, andere um Rat oder gar um finanzielle Unterstützung zu bitten. *Hilfsbereitschaft*

Kein Mensch kann ohne andere bestehen. Manche Widdermond-Geborene begehen den Fehler, sich immer und ausschließlich auf sich selbst zu verlassen, und übersehen dabei, daß sie keines ihrer Ziele ohne die Unterstützung und Mithilfe anderer erreichen können. Im Extremfall kann daher aus Unabhängigkeit sogar Ignoranz werden. Sie wollen keinen Rat akzeptieren, auch dann nicht, wenn er von wohlmeinender und berufener Stelle kommt.

In den meisten Fällen führen private und berufliche Krisen schließlich zu der Einsicht, daß ein Weiterkommen nur möglich ist, wenn das Wissen und Können anderer in das eigene Leben mit einbezogen wird. Gerade bei außergewöhnlich starken Persönlichkeiten kann es aber passieren, daß sie sich so lange ausschließlich auf sich selbst verlassen, bis sie sich in eine derart aussichtslose Lage manövriert haben, daß eine sinnvolle Lösung kaum noch möglich ist.

Die größte Herausforderung für die Widdermond-Geborenen ist zweifellos das Erlernen echter Begegnungsfähigkeit. Dies gilt besonders *Aufgabe* für die mit einer Krebssonne. Fühlen und Handeln sind hier oft so widersprüchlich, daß man Schwierigkeiten hat, sich selbst zu verstehen. Um so schwerer ist es dann auch, auf andere Personen angemessen zuzugehen. Partnerschaft, Freundschaft und Familie können nicht mit dem gleichen Mißtrauen und Konkurrenzbewußtsein angegangen werden wie das übrige *Offenheit* Leben. Hier gilt es, echte Offenheit und Ver- *und* trauen zu erlernen. Nur das Bemühen um diese *Vertrauen* Fähigkeiten schafft die Möglichkeit für ein zufriedenes und ausgeglichenes Leben.

Für diese Menschen ist es eine echte Lernaufgabe, zu begreifen, daß es kein Zeichen der Schwäche ist, zuzugeben, wenn man einmal mit seinem Latein am Ende ist, im Gegenteil. Unbewußt haben sie Angst, aus ihrem Freundes- und Bekanntenkreis ausgeschlossen zu werden, wenn man ihnen anmerkt, daß sie Hilfe benötigen. Diese Sorge ist unbegründet. Die Menschen, die sie selbst immer wieder unterstützt haben, werden sich freuen, wenn sie sich revanchieren können. Gerade bei der Widder-Mond-Jungfrau-Sonne-Konstellation kommt es häufig zu Erkrankungen des Verdauungsapparates, wenn man beständig seine Sorgen »in sich hineinfrißt«.

Stiermond

Bei dieser Konstellation kommen unüberlegte *Impulsives* und impulsive Handlungen kaum vor. Weder *Handeln* Stier noch Jungfrau sind Zeichen, die zu unüberlegtem Tun neigen. Bevor sie handeln, untersuchen sie die Dinge auf ihren praktischen Nutzen, ist ein solcher nicht erkennbar, werden sie erst gar nicht aktiv.

Stiermond-Geborene haben im allgemeinen ein gutes Verhältnis zum Geld. Wann immer es möglich ist, werden sie darauf achten, daß sie mehr einnehmen, als sie ausgeben. Deshalb gelingt es ihnen meist auch, sich in guten Zeiten nennenswerte Ersparnisse zurückzulegen. Bei manchen Stiermond-Geborenen mag die Sparsamkeit übertriebene Züge annehmen. Allerdings gibt es hier auch den Gegentyp. Bei diesem besteht häufig eine Tendenz zu riskanten Spekulationen und windigen Geschäften, die angeblich über Nacht riesige Gewinne bringen sollen. Solche Aktionen können sie sehr viel Lehrgeld kosten oder gar um ihr Vermögen bringen. Bei Jungfrau-Geborenen wird sich ein solches Verhalten fast nie ergeben. Kommt es dennoch vor, so ist es ein Zeichen für eine echte Lebenskrise, die sie aus Verzweiflung wider besseres Wissen handeln läßt.

Geld

Wenn sie haben, was sie wollen, tun sie alles, um es nicht wieder zu verlieren, denn einmal erlangte Vorteile gilt es zu erhalten und zu mehren.

Die Praxis hat gezeigt, daß viele erfolgreiche Immobilienmakler diese Konstellation besitzen sowie Angehörige aller Berufe, die mit dem Verwalten oder dem An- und Verkauf von Grundbesitz zu tun haben.

Beruf

Wissen, das nicht konkret anwendbar ist, interessiert Stiermond-Geborene nur in den seltensten Fällen. Umgekehrt sind sie in der Lage, auch scheinbar völlig verkopfte Theorien oder Einstellungen in die Praxis umzusetzen.

Viele besitzen ein auffällig gutes Gedächtnis, das scheinbar jeden Eindruck, jeden Gedankengang archiviert und allzeit zum Abruf
bereit hält.

Ihr Engagement für ihre Freunde, für Familie und Bekannte ist in vielen Fällen beein-
druckend. Vor allem für sozial Schwache und
Gestrauchelte setzen sie sich ein, ohne dabei
Rücksicht auf die öffentliche Meinung zu nehmen. Wenn es um Menschen und Menschlich-
keit geht, interessieren sie Ideologien und Dog-
men überhaupt nicht mehr. Instinktiv ist ihnen
der Unterschied zwischen persönlichen Ansichten und praktischen Notwendigkeiten bewußt.
Inhumanes Verhalten oder sklavisches Festhalten an bürokratischen Vorschriften kommen bei
ihnen nur in den seltensten Fällen vor.

Genuß-
fähigkeit

Keine andere Mond-Konstellation weist so
viel angeborene Sinnlichkeit und Genußfähigkeit auf wie diese. Essen, Trinken, geselliges
Beisammensein und nicht zuletzt die Sexualität können intensiv genossen werden. Aus
dieser lebensfrohen Einstellung zieht man die
Kraft, um auch mit den schwierigen Situationen des Lebens zurechtzukommen.

Wenn auch nicht alle, so besitzen doch viele
Stiermond-Geborene einen umwerfenden Humor, der meist bodenständig bis derb ist. Zumindest aber ist ein gewisser »Mutterwitz«
vorhanden, der es ihnen leichtmacht, Span-
nungssituationen die Spitze zu nehmen.

Der größte denkbare Hemmschuh für eine
weiter gehende Persönlichkeitsentwicklung ist
der Hang zum Opportunismus. Das eigene
Fähnchen wird immer nach dem Wind ausgerichtet, der den größten Geldsegen verspricht,

ohne sich dabei von moralischen oder ethischen Problemen allzusehr irritieren zu lassen. Als Konsequenz verlieren alle Dinge im Leben ihren persönlichen Wert, auch der größte materielle Erfolg kann nicht mehr befriedigen. Wer die Sonne im Krebs hat, läuft allerdings kaum Gefahr, dieser verhängnisvollen Versuchung zu erliegen.

Stiermond-Geborene sind wahrhafte Überlebenskünstler, ihre Bodenständigkeit läßt sie auch mit den schwierigsten Krisen im Leben zurechtkommen. Es gelingt ihnen jedoch nur unter größten Anstrengungen, freiwillig Opfer zu bringen, auf etwas zu verzichten oder finanzielle Einbußen in Kauf zu nehmen. Hier muß gelernt werden, daß auch geistige Werte kostbar sind, und zwar in vielen Fällen weitaus mehr als die materiellen. Erst wenn man sich moralische, ethische oder religiöse Prinzipien zu eigen gemacht hat, nach denen das Leben ausgerichtet werden kann, ist es möglich, materiellen Wohlstand wirklich zu schätzen.

Überlebens-künstler

Wer mit dem Mond im Tierkreiszeichen Stier geboren wurde, muß lernen, daß es in diesem Leben keine endgültige Sicherheit und keine absolute Gewißheit gibt. Nur so können Existenzängste überwunden und Lebensfreude und Genußfähigkeit voll entwickelt werden.

Aufgaben

Zwillingsmond

Diese Menschen sind in vielfacher Hinsicht eher untypische Vertreter ihres Zeichens. Es gibt keine besseren Verhandlungspartner als sie. Wenn Sie jemanden brauchen, der Ihnen hilft, einen anderen von einer Sache zu überzeugen, suchen Sie sich jemanden mit dieser Konstellation. Er kann Positionen glaubhafter vertreten, von denen er im Grunde nicht die geringste Ahnung hat, als mancher Experte.

Mitteilungs-bedürfnis

Nichts macht einen Menschen mit dieser Konstellation glücklicher, als wenn er sich anderen mitteilen kann, sei es mündlich oder schriftlich. Da er mehr Gedanken zu vermitteln hat, als ein normales Gegenüber verkraften kann, schafft hier nur ein großer Freundeskreis oder ein passender Beruf Abhilfe. So nimmt es nicht wunder, daß viele mit dieser Konstellation erfolgreich und gern einer Lehrtätigkeit nachgehen.

Sport

Die wenigen Zwillingsmond-Geborenen, die nicht zum Typus des Kommunikationsathleten gehören, verfügen oft über eine außerordentliche sportliche Begabung. Für diese Menschen ist regelmäßiges Training häufig die Voraussetzung für ihr seelisches und körperliches Gleichgewicht, da für ihre überschießende physische Energie und ihre permanente seelische Anspannung auf diese Weise ein Ausgleich geschaffen wird. Die Praxis hat gezeigt, daß Menschen mit dieser Konstellation oft an Allergien, insbesondere im Atemwegsbereich leiden, die durch einen solchen Ausgleich bis hin zur Beschwerdefreiheit gemildert werden können.

Die Mehrzahl der Zwillingsmond-Geborenen ist zwar eher wenig künstlerisch veranlagt, verfügt dafür aber über um so größere rhetorische und analytische Fähigkeiten. Nicht wenige von ihnen sind berufene Naturwissenschaftler.

Vor allem bei Themen, die sie nicht unmittelbar persönlich betreffen, können sie außergewöhnlich unvoreingenommen das Für und Wider unterschiedlicher Standpunkte abwägen. Das macht sie zu beliebten Diskussionspartnern und ausgezeichneten Schlichtern in Auseinandersetzungen.

Schlichter

Die Gabe, in Wort und Schrift allgemeinverständlich und überzeugend sein zu können, wird von ihnen häufig als so selbstverständlich erlebt, daß sie dies – völlig zu Unrecht – oft überhaupt nicht mehr als persönlichen Vorzug empfinden. Bei einer Jungfrau-Sonne-Zwillinge-Mond-Konstellation besteht sogar die Gefahr, daß sie von ihnen noch nicht einmal wahrgenommen wird.

Menschen mit Zwillingsmond erfreuen sich in der Regel einer besonderen Beliebtheit in ihrem Bekanntenkreis. Sie haben häufig bis ins hohe Alter hinein eine jugendliche Ausstrahlung und überraschen ihre Umgebung durch spontane Einfälle und Vorschläge.

Umwelt

Sie lieben die Beweglichkeit, sei es im geistigen oder im körperlichen Bereich. Begeisterungsfähigkeit und Spontaneität gehören zu ihren sympathischsten Eigenschaften, diese sollten auch keinesfalls unterdrückt werden, da sie sonst mit Krankheit und Depression reagieren.

Viele Zwillingsmond-Geborene laufen Gefahr, ihr gesamtes Leben auf der Überholspur zu verbringen. Da bleibt kaum Zeit, sich mit jemandem oder etwas wirklich intensiver zu beschäftigen. Auch Fingerspitzengefühl und Rücksichtnahme müssen zurückstehen, wenn es um die Sache geht. Wer nicht gelernt hat, sich genügend Zeit für Freunde und Partner zu nehmen, läuft Gefahr, oberflächlich und gefühlskalt zu werden.

Aufgaben   Die größte Herausforderung für Zwillingsmond-Geborene ist das Erlernen der Fähigkeit, aus ihrer immensen Vielseitigkeit echte Toleranz zu entwickeln. Es erfordert wahrhaft Größe, andere Ansichten als die eigenen wirklich gelten zu lassen und nicht nur gönnerhaft zu ertragen. Partnerschaft, Freundschaft und Familie können nicht mit einem »wissenschaftlichen« Verstand angegangen werden. Hier sind Weitsicht, Muße und Offenheit notwendig. Die Auseinandersetzung mit religiösen und weltanschaulichen Themen kann dabei außerordentlich nützlich sein. Denn nur wer in seinem Leben einen tieferen Sinn erkennt, vermag auch wirklich »zu-frieden« zu sein.

Krebsmond

Neben den Fischemond-Geborenen sind dies die gutmütigsten Vertreter ihres Tierkreiszeichens. Solange Sie die Gefühle des Krebsmonds nicht verletzen und er im Gegenzug die Ihrigen nachvollziehen kann (und es gibt nur *Verständnis*   wenig, wofür ein Krebsmond nicht Verständnis aufbringen könnte), wird er sich noch nicht einmal wehren, wenn sie ihm die Haare vom Kopf fressen. Die größte Dummheit, die Sie begehen können, ist, ihn deshalb für einen naiven Trottel zu halten. Sie müssen überhaupt nichts tun, es reicht völlig aus, wenn Sie so etwas denken: Er wird es merken. Und die

Folgen für Sie sind meist furchtbar. Ehe Sie sich versehen, hat er Sie an allen Ihren wunden Punkten gleichzeitig getroffen, an allen, die Sie schon kannten und sorgsam zu verstecken suchten, und einigen mehr, von denen Sie bis jetzt noch gar nichts wußten. Der Krebsmond ist der Gefühlsseismograph unter den Tierkreiszeichen, keine seelische Regung in seiner Umgebung entgeht ihm, und er merkt sie sich alle.

Hohe Sensibilität

Solange Sie seine Gefühle nicht verletzen, haben Sie, wie gesagt, den gutmütigsten Menschen der Welt vor sich, andernfalls seziert er Ihr Selbstwertgefühl wie ein Metzger ein Filetstück.

Allzusehr sollten Sie sich durch diese Darlegungen nicht erschrecken lassen, denn Krebsmond-Geborene sind nicht nachtragend. Sobald sie ihren Fehler eingesehen haben, sind sie die ersten, die bereit sind, das Ganze zu vergessen.

Wenn Sie einen solchen Menschen von etwas überzeugen oder zu einer Sache überreden wollen, werden Sie mit den üblichen Argumenten eher wenig ausrichten. Falls er sich nicht gerade in großen finanziellen Schwierigkeiten befindet, wird Geld allein ihn kaum umstimmen können. Auch Prestige, sozialer Status oder Abenteuerlust werden für ihn nur selten bestimmende Motive sein. Wenn Sie jedoch glaubhaft machen können, daß andere ohne die Hilfe und Unterstützung des Krebsmondes aufgeschmissen wären, wird ihm ein »Nein« ausgesprochen schwer fallen. Sein soziales Gewissen ist viel zu ausgeprägt, als daß er leichten Herzens andere in der Patsche sit-

Innere Unabhängigkeit

zenlassen könnte. Aber vergessen Sie niemals: Wenn Sie mit den Gefühlen eines Krebsmondes spielen, geht der Schuß fast immer nach hinten los!

Häuslichkeit

Menschen mit dieser Konstellation sind häuslich: Die Geborgenheit in der Familie und der Schutz in den eigenen vier Wänden liegen ihnen ganz besonders am Herzen. Unter ihnen finden sich die besten Köche, die es überhaupt gibt. So sind sie denn auch bereit, alle Vorschläge genau zu prüfen und zu überdenken, die ihrer Familie nutzen oder ihre Wohnsituation entscheidend verbessern können.

Umwelt

Krebsmond-Geborene sind in ihrer persönlichen und beruflichen Umgebung aufgrund ihres Einfühlungsvermögens oft außerordentlich beliebt, ohne daß sie darum viel Aufhebens machen würden. Im Gegenteil: Meist ist ihnen gar nicht bewußt, wie gut sie bei anderen ankommen. Mehr als andere Jungfrauen neigen sie zu Selbstzweifeln, die sie jedoch in der Regel konstruktiv nutzen, um sich selbst immer wieder zu besonderen Leistungen zu motivieren. Mit Durchschnittlichkeit und Mittelmaß werden sie sich – bei sich selbst – niemals zufriedengeben. Sie neigen dazu, von sich selbst mehr zu verlangen als von anderen. In dieser Hinsicht sind sie auch die idealen Vorgesetzten. Sie werden kaum zu denjenigen

Arbeit

gehören, die während der Arbeitszeit Golf spielen gehen, während sie von ihren Mitarbeitern höchstes Engagement fordern. Typischer für sie ist, daß sie morgens als erste die Firma betreten, um sie abends als letzte zu verlassen. Das hat natürlich für die Mitarbeiter Vorbildfunktion und spornt sehr viel mehr an als etwa eine drohende Entlassung oder eine Gehaltskürzung. Aber auch als Mitarbeiter werden sie ihr Bestes geben und sich weit über das verlangte Maß für ihre Tätigkeit engagieren, wenn man ihnen die Möglichkeit gibt, sich mit ihrer Aufgabe, ihren Kollegen und dem Konzept des Betriebes zu identifizieren.

Niemand kann bei außergewöhnlicher Begabung so beliebt und populär sein wie ein Krebsmond-Geborener. Bei allen anderen Konstellationen ist Anerkennung mit Neid und »Volkstümlichkeit« mit einem Mangel an Niveau verknüpft. Daß dies hier anders ist, hängt vielleicht damit zusammen, daß jeder ihnen anmerkt, wie hart sie für ihren Erfolg gearbeitet haben und wie ehrlich sie sich über ihn freuen können. *Beliebtheit*

Boris Becker etwa löste mit seinem ersten Wimbledon-Sieg eine derartige Begeisterung aus, daß Tennis völlig unerwartet zum Volkssport wurde. Thomas Mann schuf mit den *Buddenbrooks* ein Stück Weltliteratur, als er gerade mal Anfang Zwanzig war.

Claude Debussy ist neben Ravel der bedeutsamste impressionistische Komponist. Eine ähnliche Vorreiterrolle, wie sie Debussy in der klassischen Musik spielte, nahm Jimi Hendrix in der Popmusik ein. Niemals zuvor spielte jemand die »elektrische« Gitarre in einem solchen Maße als eigenständiges Instrument. Bei einem entsprechenden Entwicklungsniveau sind beim Krebsmond also außergewöhnlicher Ehrgeiz und oft auch künstlerische Begabung vorhanden. Erfolg und Popularität sind das häufige Ergebnis besonderer Anstrengungen und immenser Kreativität. *Prominente Beispiele*

Aufgaben

Jede Fähigkeit ist auch eine Bürde: Wer über viel Phantasie und Kreativität verfügt, wird Schwierigkeiten haben, sich für langfristige Ziele zu entscheiden. Es fällt schwer, konsequent bei einer Sache zu bleiben, wenn wir ständig neue und interessante Ideen haben. In psychologischer Hinsicht sind Selbstdisziplin und schöpferische Begabung Gegensätze. Doch nur wer lernt, sich aus der Vielzahl seiner Wünsche und Möglichkeiten auf einige wesentliche Themen zu beschränken, kann Außergewöhnliches leisten. Nahezu alle erfolgreichen Krebsmond-Geborenen haben schon frühzeitig auf ein einziges Ziel hingearbeitet.

Löwemond

Besondere
Fähigkeiten

Diese Konstellation hat viele Vorzüge, die die darin Geborenen mit besonderen Fähigkeiten ausstatten. Sie lernen schneller und leichter als andere. Häufig besitzen sie eine besondere Sprachbegabung und fast immer kaufmännisches Talent. Niemand kann so gut wie sie in einer Gruppe von Menschen unterschiedlichster Herkunft und verschiedenen Temperaments eine angenehme Atmosphäre schaffen. Es gibt kaum bessere Gastgeber als sie. Selbst den formellsten Veranstaltungen können sie noch eine persönliche und menschliche Note geben. Das wissen sie selbst besser als alle anderen, und genau das ist ihr Problem: Unabhängig davon, wieviel Lob und Anerkennung man ihnen entgegenbringt, sie fühlen sich mißverstanden und unterbewertet. Zu Recht wollen sie für ihr Können und ihre Leistungen anerkannt und respektiert und nicht nur einfach »nett« gefunden werden. Hier können manchmal sogar Primadonnenallüren auftreten, womit sie in ihrer Umgebung auf Unverständnis stoßen.

Im Bereich der Gefühle reagieren sie immer heftig und intensiv, das gilt natürlich auch, wenn sie sich enttäuscht und verletzt fühlen, obwohl sie im Normalfall viel zu stolz sind, sich eine Kränkung anmerken zu lassen. In der Regel ist es dann Aufgabe des Partners, das angeschlagene Selbstwertgefühl wiederaufzubauen. *Gefühlsleben*

Dabei handelt es sich hier um ausgesprochen begeisterungsfähige Persönlichkeiten, die lediglich eine Aufgabe benötigen, für die sie sich mit all ihrer Kraft einsetzen können. Werden sie entsprechend gefordert, legt sich auch ihr Hang zur Unzufriedenheit, und sie sind zu außerordentlichen Leistungen fähig. Fast wie die Luft zum Atmen brauchen sie Herausforderungen, die sie zwingen, über sich selbst hinauszuwachsen. Ist dies der Fall, braucht man sich über ihr irritierbares Selbstwertgefühl keine Sorgen mehr zu machen, schließlich stellen sie sich jetzt selbst ständig ihre Fähigkeiten unter Beweis und können die Ignoranz ihrer Umgebung entsprechend gelassener nehmen. *Herausforderung*

Die meisten Menschen mit dieser Konstellation wirken ausgesprochen warmherzig und spendabel. Das führt allerdings oft zu peinlichen Mißverständnissen, da ihre grundsätzliche Freundlichkeit von ihrem Gegenüber wesentlich persönlicher genommen wird, als sie gemeint ist. Das heißt nichts anderes, als daß

Umwelt viele schnell dem Irrglauben erliegen, daß der Löwemond ein mehr als nur freundschaftliches Interesse an ihnen hat. So wiegt sich mancher in der falschen Sicherheit, das Herz eines Sonne-Jungfrau-Löwe-Mond-Menschen für sich gewonnen zu haben, während dieser möglicherweise Probleme damit hat, sich auch nur an ihn zu erinnern. Glücklicherweise lernen die meisten im Laufe der Jahre ihre Wirkung auf ihre Umgebung angemessener einzuschätzen, so daß derartige, für beide Seiten peinliche Mißverständnisse seltener werden.

Was sie sich allerdings nur in den seltensten Fällen abgewöhnen können, ist die Neigung, ihre Umgebung, insbesondere natürlich Menschen, die ihnen am Herzen liegen, von den Dingen überzeugen zu wollen, die sie für sich selbst als hilfreich und nützlich eingestuft haben. Dabei ist es unerheblich, ob es sich um eine neue Nachtcreme, eine bestimmte Gesundheitskur oder eine spezielle Musik-CD handelt. Von dieser Neigung lassen sie auch nicht durch die recht häufige und natürlich enttäuschende Erfahrung ab, daß die meisten Menschen ihre persönlichen Vorlieben nur bedingt teilen.

Lebens- Löwemond-Persönlichkeiten zeichnen sich *hunger* durch einen besonderen Lebenshunger aus, dem sie nachgehen, wann immer sich eine Gelegenheit dazu bietet. So gibt es kaum etwas Menschliches, das ihnen fremd ist, und falls doch, streben sie nach einer Möglichkeit, es so schnell wie möglich auszuprobieren.

Charisma Keine andere Mond-Konstellation bietet die Chance zu einem so ausgeprägten Charisma wie diese. Insbesondere Damen mit dem Mond im Löwen können eine Anziehungskraft auf das andere Geschlecht ausüben, für die eine vernünftige Erklärung nicht mehr ausreichend ist. Allen ist das Bedürfnis gemeinsam, von ihrem Umfeld anerkannt und respektiert zu werden, auch gegen ein wenig Bewunderung haben sie selten etwas einzuwenden. Kein anderes Tierkreiszeichen besitzt so viel natürliche Autorität wie dieses, und entwickelte Persönlichkeiten werden diesem Anspruch auch gerecht. Solange man sie nicht in Frage stellt, setzen sie sich mit allen ihnen zur Verfügung stehenden Mitteln für ihre Mitmenschen ein, besonders für Kinder. Wenn sie es sich leisten können, sind sie die großzügigsten Gastgeber und freigebigsten Gönner, die man sich nur vorstellen kann.

Die größte Gefahr für Löwemond-Geborene ist ohne Zweifel ihre Eitelkeit und ihre Selbstbezogenheit. Im ungünstigsten Fall werden sie zu einem sich in Selbstliebe verzehrenden Narziß, der keinerlei emotionale Beziehungen zu seinen Mitmenschen pflegen kann. Aus Großzügigkeit wird Neid und Geiz, aus überschäumender Lebensfreude Verbitterung, aus Risikobereitschaft Selbstzerstörung. Kaum jemand kann und will sein ganzes Leben lang ausschließlich im Mittelpunkt stehen. So groß die Strahlkraft des einzelnen auch sein mag, es kommt doch der Tag, an dem andere den Platz einnehmen, den man für den eigenen hielt. So fällt es den Löwemond-Geborenen besonders schwer, mit dem Nachlassen von Kräften und Fähigkeiten im allgemeinen und allen Symptomen des Alterns im besonderen zurechtzukommen. Das Tierkreiszeichen,

Eitelkeit

Alter

das Vitalität, Lebendigkeit und Lebensfreude schlechthin repräsentiert, bringt keine Menschen hervor, die sich mit dem Schwinden ihrer Energie so ohne weiteres abfinden können.

Aufgaben

Es ist eine triviale, aber schmerzhafte Erkenntnis, daß wir alle einmal Jüngeren und Besseren Platz machen müssen. So ist es für Löwemond-Persönlichkeiten eine besondere Herausforderung, intensiv in der Gegenwart zu leben und gleichzeitig in Würde zu altern. Hier kann eine innere Reife entstehen, die ein noch größeres Feuer ausstrahlt, als es die Kraft der Jugend vermag.

Jungfraumond

Wenn sowohl die Sonne als auch der Mond im Zeichen der Jungfrau stehen, betont das natürlich die Qualität dieses Tierkreiszeichens ungemein. Diese Menschen sind also in vielfacher Hinsicht besonders typische Vertreter ihres Zeichens.

Wenn Sie einen Jungfrau-Menschen kennenlernen, der Sie durch eine auffallend schlagfertige Reaktion auf eine besonders ungewöhnliche Situation beeindruckt, und dieser Ihnen anschließend erklärt, das Ganze wäre weiter keine Kunst, schließlich hätte er sich schon vor langer Zeit einen Plan zurechtgelegt, wie er in einer solchen Lage reagieren würde, dann kann es sich nur um einen Jungfraumond handeln (andernfalls steht der Mond im sechsten Haus). Diese Menschen besitzen eine unbe-

Phantasie

grenzte kreative Phantasie, was die Bewältigung aller möglichen und unmöglichen Herausforderungen des Lebens angeht, und sie verfügen über ein hervorragendes Gedächtnis. So sind denn auch Planspiele ihre große Leidenschaft, unabhängig davon, ob sie Monopoly spielen, alte Schlachten im Sandkasten nachstellen oder sich vor dem Einschlafen überlegen, wie sie ihren Chef von der längst überfälligen Gehaltserhöhung überzeugen können.

Manche Menschen haben jede Menge Ideen, wie sich die Probleme des Alltags besser bewältigen ließen. Andere verfügen über praktischen Verstand und Handlungsenergie. Sonne-Jungfrau-Mond-Jungfrau-Menschen aber besitzen beides. Ihr großer Vorteil ist dabei, daß sie ihre Möglichkeiten meist realistisch einschätzen. *Realisten* Sie neigen weder zu Größenwahn noch zu falscher Bescheidenheit. Und sie werden niemals versuchen, etwas durchzusetzen, von dem sie nicht zutiefst überzeugt sind, daß es einer guten Sache dient oder ihnen einfach zusteht. Viele hervorragende Händler und Spitzenverkäufer besitzen diese Konstellation. Die einzige Bedingung für ihren Erfolg ist, daß sie selbst von der Qualität des Produktes überzeugt sein müssen.

Fast jeder kennt den beliebten Verkaufstrick, wenn ein Kunde unschlüssig ist. Der Verkäufer meint einfach: »Das Gerät ist das beste, ich habe es selbst zu Hause.« Die meisten Käufer lassen sich auf diese Weise überzeugen, unabhängig davon, ob der Verkäufer die Wahrheit gesagt hat oder nicht. Wenn Ihnen ein Jungfraumond-Geborener so etwas sagt, können Sie sicher sein: Es ist die Wahrheit. Und er wird *Wahrheits-* Ihnen nicht nur auseinandersetzen, daß er die- *liebe* ses Gerät hat, sondern Ihnen aus dem Effeff sämtliche Vorteile gegenüber Konkurrenzprodukten auflisten können. Folgen Sie seiner Empfehlung, wird er sich innerlich für Sie freuen, wenn Sie den Laden verlassen, und sich nicht etwa ins Fäustchen lachen, wie geschickt er mal wieder einen naiven Kunden übers Ohr gehauen hat. Menschen mit dieser Konstellation sind also »ehrliche Makler«, und wer einmal auf ihren Rat gehört hat und gut damit gefahren ist, wird sich gern bei der nächsten Gelegenheit wieder an sie wenden.

Berufe Neben der häufig vorhandenen kaufmännischen Begabung kommen hier auch schriftstellerisches Talent sowie die Eignung für technische Berufe vor. Eine Reihe exzellenter Ingenieure und Architekten besitzen diese Konstellation.

Partner- In Partnerschaften sind sie treu und zuverlässig, solange sie das Gefühl haben, sich auf ihr Gegenüber blind verlassen zu können. Allerdings ist ihr Sinn für das Praktische der Romantik nicht eben förderlich. Man sollte nicht *schaft* den Fehler begehen und jedes gemeinsame Ausgehen als »Investition in die Beziehung« betrachten und Partner im Idealfall als »das beste Geschäft« ansehen, das man je gemacht hat. Kein Mensch mag es, wenn er wie eine Sache betrachtet wird, auch nicht, wenn es sich dabei um eine ausgesprochen gute Sache handelt.

Entwickelte Jungfraumond-Persönlichkeiten verfügen über eine außerordentliche emotionale Beweglichkeit und Reaktionsfähigkeit. Besonders Begabte sind hier zum Schriftsteller oder Schauspieler berufen, da niemand über eine genauere Beobachtungsgabe verfügt als sie. Die meisten der Jungfraumond-Geborenen können Entwicklungen voraussehen und auf sie reagieren, bevor andere diese auch nur erahnen können. Es gibt nicht viele, denen es gelingt, ihnen etwas vorzumachen. Keine andere Tierkreiszeichenposition des Mondes repräsentiert einen solch untrüglichen Sinn für das Machbare. Diese Persönlichkeiten verstehen es, aus jeder Situation das Beste herauszuholen. In Sachfragen, insbesondere natürlich in ihrem Spezialgebiet, sind sie oft so kompetent, daß ihre Meinung und ihr Rat auch von Gegnern ernst genommen und respektiert werden. Was ihnen möglicherweise an Kreativität fehlt, machen sie durch Effektivität mehr als wett.

Jungfraumond-Geborene besitzen die natürliche Fähigkeit, vorgegebene Situationen so gut wie möglich zu nutzen. Dabei besteht die Gefahr, sich mit unzumutbaren Umweltbedingungen zu arrangieren, ohne den Versuch zu unternehmen, diese zu verändern. Wer in einem Haus ohne Heizung lebt, sollte vielleicht nicht nur Yoga-Übungen machen, um die Kälte leichter ertragen zu können, sondern sich einen Ofen besorgen oder einfach umziehen. Anpassungskünstler übersehen manchmal, daß es Umstände gibt, mit denen man sich besser nicht arrangieren sollte. *Anpassungsfähigkeit*

Die größte Herausforderung für Jungfraumond-Geborene ist das Erlernen der Fähigkeit, ein wenig offenherziger und verschwenderischer mit ihren Gefühlen zu werden. Allzuviel Sachlichkeit und praktischer Verstand machen auch Freundschaften und das Liebesleben zu einer eher trockenen Angele- *Herausforderung* genheit. Erst wenn wir gelernt haben, unseren Mitmenschen intensiv zu zeigen, was wir für sie empfinden, ist ein wirklich erfülltes Leben möglich.

Waagemond

Jungfrau-Geborene kommen im allgemeinen ganz gut allein zurecht. Wenn zusätzlich ihr Mond in der Waage steht, könnten sie allerdings Schwierigkeiten haben, auch nur einige Tage allein zu verbringen. So gern, wie sie sich ihre Eigenständigkeit beweisen, sind sie doch noch mehr von der Zustimmung anderer, insbesondere der des Partners, abhängig. Wer einen solchen Menschen fertigmachen will, muß ihn in seinem tiefverwurzelten Bedürfnis nach einer harmonischen und ästhetischen Umgebung frustrieren, und dieser wird völlig aus dem seelischen Gleichgewicht geraten. Die meisten Menschen mit dieser Konstellation sind hoch sensibel, und manchmal reicht es schon aus, sie beispielsweise wochenlang in einem nicht richtig eingerichteten Büro sitzen zu lassen, um sie ernsthaft in Schwierigkeiten zu bringen.

Abhängig-keit

Da sie jedoch über außergewöhnlich viel Fingerspitzengefühl verfügen und auf andere Menschen offen und noch charmanter und diplomatischer als »normale« Jungfrauen zugehen, kommen sie nur selten in eine Situation, in der ihnen jemand ernsthaft Schwierigkeiten bereiten möchte. Im Gegenteil: Wann immer es um Fragen des guten Geschmacks geht, hört man gern ihren Rat und richtet sich danach.

Viele Menschen mit dieser Konstellation sind im weitesten Sinne des Wortes in künstlerischen Berufen tätig. Ob es sich dabei nun um die Tätigkeit eines Friseurs, einer Kosmetikerin, eines Modeschöpfers, einer Innenarchitektin oder eines Designers handelt, in all diesen Berufen spiegeln sich das Bedürfnis und die Fähigkeit wider, den Menschen und seine Umgebung schöner und ansprechender zu gestalten. *Berufe*

Keine Jungfrau ist in ihrer Handlungsfähigkeit so von einer geeigneten Partnerschaft abhängig wie diese. Wenn ein ansonsten pünktlicher Mensch mit blassem Gesicht zu spät zur Arbeit erscheint, wenn ein sonst freundlicher und aufmerksamer Mitarbeiter mit einemmal mürrisch und in sich gekehrt ist: bei einem Waagemond können Sie darauf wetten, daß Liebeskummer und Partnerschaftsprobleme dahinterstecken.

Insgesamt sind diese Menschen noch stimmungsabhängiger als andere Jungfrauen, doch macht sie das eher sympathischer, als daß daraus ernsthafte Probleme entstünden.

Waagemond-Menschen können als »Beziehungsathleten« dieses Tierkreiszeichens bezeichnet werden. Keine andere Mond-Konstellation ermöglicht eine derartig ausgeprägte Fähigkeit, sich mit anderen auseinander- und zusammenzusetzen, wie diese. Es gibt kaum etwas in seiner persönlichen Umgebung, das einem Waagemond-Geborenen entgehen könnte. Sobald eine Sache oder ein Umstand mit ihm und seiner Lebenssituation auch nur im entferntesten zu tun haben könnte, interessiert es ihn auch unabhängig davon, wie *Umwelt* fremd oder ungewohnt dies sein mag. So lernte eine Klientin mit dieser Konstellation zum Beispiel Türkisch, um sich mit ihrer neuen Nachbarin besser verständigen zu können.

Harmonie   Ihr außerordentliches Harmoniebedürfnis gibt Waagemond-Geborenen den Antrieb und die Fähigkeit, allem, was sie umgibt, insbesondere aber natürlich dem Partner, gerecht werden zu können. Sie wünschen sich aufrichtig, andere zu verstehen, so wie sie auch selbst angenommen und verstanden werden möchten. Es ist nicht einfach, mit einem entwickelten Waagemond-Geborenen Streit zu bekommen, da er in der Regel viel zu sehr versuchen wird, Verständnis für den Standpunkt des anderen aufzubringen.

Die größte Gefahr liegt darin, daß diese Menschen ihre Fähigkeit, andere zu manipulieren, vervollkommnen, während die eigene Persönlichkeitsentwicklung auf der Strecke bleibt. Insbesondere Frauen können schnell dauerhaft Opfer ihrer erlernten Hilflosigkeit werden, zumal dies in unserer Gesellschaft ja auch noch unterstützt und gefördert wird. So gilt beispielsweise eine Frau, die selbständig einen Reifen wechseln kann, für viele immer noch als unweiblich.

Waagemond-Geborene müssen lernen, ihre Wünsche auch unabhängig von anderen leben zu können. Es fällt ihnen schwer, aufrichtig stolz auf ihre persönlichen Leistungen und Fähigkeiten zu sein, da sie dazu neigen, sich allzusehr über das Urteil anderer zu definie-

Indivi-   ren. Echte Individualität kann nur erworben
dualität   werden, wenn wir auch konfliktfähig sind, also einem Streit oder einer Auseinanderset-

zung nicht um jeden Preis aus dem Weg gehen. Wir müssen lernen, Standpunkte zu vertreten, die von anderen nicht geteilt oder sogar bekämpft werden. Es ist hilfreich zu wissen, daß wir, je mehr wir auf diese Weise zu eigenständigen Persönlichkeiten werden, von den Menschen, die uns etwas bedeuten, nicht verlassen werden, sondern diese noch stärker an uns binden. Wer gelernt hat, zu sich selbst zu stehen und sich von der Zustimmung anderer soweit wie möglich unabhängig zu machen, wirkt auf seine Mitmenschen wie ein Magnet auf Eisenfeilspäne.

Aufgaben

Skorpionmond

Wer mit dieser Konstellation geboren wurde, mußte meist schon frühzeitig lernen, daß in diesem Leben nur das wirklich zählt, was man sich selbst unter Anstrengungen und Schwierigkeiten erarbeitet hat. Dabei ist es unerheblich, ob dieser Mensch vordergründig betrachtet eine sogenannte leichte oder schwere Kindheit hatte. In jedem Fall wurde er schon zu einem sehr frühen Zeitpunkt mit den letzten Dingen, insbesondere dem Tod, konfrontiert. Auch wenn die meisten diese Erfahrung bald so verdrängt haben, daß jede bewußte Erinnerung daran fehlt, so macht sie sie doch ernsthafter und nachdenklicher als andere. Gerade in der Kindheit wurden sie von ihren Kameraden deshalb kaum verstanden, sie gelten oft als altklug, grüblerisch oder »miesepetrig«. Im Erwachsenenalter legt sich diese

Existentielle Erfahrungen

Tendenz etwas, doch was bleibt, ist eine instinktive Abneigung gegen alles Oberflächliche. Billige Vergnügungen bleiben ihnen ein Greuel, lieber lesen sie ein gutes Buch oder stürzen sich in ihre Arbeit. Das heißt nicht, daß sie etwas gegen Amüsement oder Unterhaltung hätten, nur legen sie hier eben ein wenig andere Maßstäbe an als die meisten Zeitgenossen.

Es ist nicht leicht, ihr Vertrauen zu gewinnen, denn einmal erlittene Verletzungen vergessen sie niemals. Selbst wenn sie sich an das konkrete Ereignis nicht erinnern können, die daraus entstandene Verletzung prägt ihr Empfinden und ihr Gefühlsleben. So tun sie sich in *Freund-* Freundschaften und Partnerschaften am An- *schaft* fang ein wenig schwer. Dabei können sie durchaus auf andere zugehen und die Initiative ergreifen, aber sie bleiben vorsichtig und versuchen sich gegen jede Enttäuschung zu schützen.

Wer jedoch einmal ihr Vertrauen gewonnen hat, kann mit uneingeschränkter Loyalität rechnen. Haben sie sich schließlich einmal auf jemanden eingelassen, würden sie sich im Sinne des Wortes für diesen Menschen totschlagen lassen, falls es notwendig sein sollte. Keinesfalls verlangen sie das gleiche Engagement von ihren Freunden und Partnern, wissen sie doch, daß sie vielleicht den guten Willen, aber nicht notwendigerweise die Charakterstärke für ein solches Ausmaß an Konsequenz besitzen.

Wenn sie sich jedoch verraten fühlen, zögern sie nicht, Menschen, die ihnen gestern noch sehr nahestanden, von heute auf morgen aus ihrem Leben zu werfen. Sie sind nicht für halbe Sachen zu haben – schon gar nicht in Gefühlsdingen.

So sind sie etwa bereit, sich für ihre Partner- *Partner-* schaften bis an den Rand der Selbstaufgabe ein- *schaft* zusetzen und in Krisen nichts unversucht zu lassen, um ihre Beziehung zu retten. Sobald sie jedoch erkennen, daß sie verraten wurden oder daß man ihr Vertrauen mißbraucht hat, können sie den anderen fallenlassen wie eine heiße Kar- toffel. Vielleicht bricht es ihnen das Herz – denn ihre Härte und die scheinbare Gleichgül- tigkeit im äußeren Umgang sagen nichts dar- über aus, was in ihrem Inneren vor sich geht –, doch werden sie lieber vor Kummer eingehen, als bei einem Menschen zu Kreuze zu kriechen, der ihre Gefühle verraten hat.

Es gibt kein Mondzeichen, das über so viel Willensstärke und Konsequenz verfügt wie *Konsequenz* dieses; was man sich einmal vorgenommen hat, führt man auch gegen größte Widerstände durch. Die unerreichten Stärken der Skor- pionmond-Geborenen sind Leidenschaft und Ausdauer. An allem, an das sie sich emotional gebunden haben, halten sie auch fest.

Dies gilt für ihr Liebesleben wie auch für Hobbys oder berufliche Ziele. In Ausdauer und Ehrgeiz sind sie nur noch mit den Stein- bock-Geborenen vergleichbar. Doch gehen sie bei der Verwirklichung eines Ideals im Extrem- fall bis hin zur Selbstzerstörung. Franz Becken- *Prominente* bauer, Charlie Chaplin, Liz Taylor oder Henry *Beispiele* Miller haben bei allen Unterschieden doch die unbeirrbare Konsequenz gemeinsam, mit der sie sich aus einfachsten Verhältnissen bis an die absolute Weltspitze emporgearbeitet haben.

Lernfähig-
keit

Außerdem verfügen sie sehr oft über ein ausgezeichnetes Gedächtnis, und die Lernfähigkeit bleibt bei aktiven Persönlichkeiten das gesamte Leben erhalten. Sie vergessen ihre Gefühle niemals, vor allem nicht, wenn ihnen jemand einmal aus einer Notlage geholfen hat. Derjenige kann sicher sein, daß Skorpionmond-Geborene keine Gelegenheit auslassen werden, um sich angemessen zu revanchieren.

Ihre außergewöhnliche Empfindungsfähigkeit läßt sie lediglich das zur Kenntnis nehmen, was sie auch wahrnehmen wollen. So können schwierige Zeiten besser überstanden werden. Unerfreuliches wird, wenn nötig, einfach ausgeblendet, als ob es nicht existierte.

Sie lassen sich weder auf Aufgaben noch auf Menschen allzu schnell und intensiv ein. Haben sie jedoch einmal wirklich Feuer gefangen, sind sie zu einer Leidenschaftlichkeit fähig, die keinerlei Kompromisse zuläßt.

Gefühlstiefe

Entwickelte Menschen mit dieser Konstellation verfügen oft über eine außerordentliche Gefühlstiefe, die sie in eine individuelle Symbolsprache übersetzen. Auf diese Weise erklärt sich auch ihr phänomenales Gedächtnis. Sie müssen sich nur daran erinnern, wie sie sich in einer bestimmten Situation gefühlt haben, schon fallen ihnen auch alle anderen Begleitumstände ein. Ihre Überzeugungen und Ideale strahlen sie mit einer Intensität aus, daß schwache Naturen aufpassen müssen, daß sie sich nicht daran verbrennen. Ohne dogmatisch zu sein, sind sie doch in allen Gefühlsdingen klar und eindeutig. Daher weiß man immer, woran man bei ihnen ist.

Die Fähigkeit zur Eindeutigkeit ist sicherlich ausgesprochen beneidenswert. Leider birgt sie auch die Gefahr in sich, einseitig zu werden und stur an seinen Fehlern festzuhalten. Nichts ist gefährlicher für Skorpionmond-Geborene als Intoleranz und Selbstgerechtigkeit.

Einseitigkeit

Schützemond

Das sind die echten Visionäre unter den Jungfrau-Geborenen, und sie weigern sich standhaft, auch nur einen Gedanken daran zu verschwenden, daß es Probleme ohne eine Lösung geben könnte.

Visionäre

Trotz ihrer Liebe zum Detail fällt es ihnen leicht, große Zusammenhänge zu erkennen, für die den anderen einfach der Blick fehlt. Selbst schwierigste Erfahrungen in der Vergangenheit können sie nicht davon abhalten, unerschütterlich an eine bessere Zukunft zu glauben, und sie tun im Rahmen ihrer Möglichkeiten alles, damit diese auch eintritt.

Häufig haben sie ein ausgeprägtes Interesse an philosophischen und religiösen Themen, solange sie einen praktischen Nutzen darin erkennen können, der sich im täglichen Leben auch umsetzen läßt. Rein theoretische oder abstrakte Überlegungen hingegen empfinden sie als nutzlos.

Viele Menschen mit dieser Konstellation lieben Fernreisen oder haben sogar beruflich mit dem Ausland zu tun. Durch ihre selbst für das Tierkreiszeichen Jungfrau eher ungewöhnli-

Ausland

che Toleranz haben sie keinerlei Probleme, mit Menschen unterschiedlichster Kulturkreise zurechtzukommen, solange ihr Gegenüber im Gegenzug bereit ist, sie ebenfalls so zu akzeptieren, wie sie nun einmal sind.

Selbstüber-schätzung

Bedingt durch ihre außerordentliche Begeisterungsfähigkeit neigen sie dazu, manchmal sich selbst und ihre Möglichkeiten zu überschätzen. Sie vergessen dann einfach, daß der Tag nur 24 Stunden hat und sie unmöglich all die Versprechungen einlösen können, die sie in ihrer Begeisterung und voll des besten Willens gegeben haben. So wirken sie oft auf andere für eine Weile faszinierend, während sie am Ende dann als Aufschneider dastehen, auf dessen Wort kein Verlaß ist. Derartige Erfahrungen kränken sie tief – trotz aller positiven Weltsicht –, schließlich haben sie es wirklich gut gemeint und wollten doch nur helfen. Die größte Herausforderung ist für sie deshalb, sich mit den Begrenzungen der Alltagswirklichkeit abzufinden. Dies fällt ihnen um so schwerer, als sie voller Begeisterung von einer besseren Welt träumen, von der sie in ihren optimistischsten Momenten genau zu wissen glauben, wie diese innerhalb kürzester Zeit herbeizuführen sei.

Der größte Fehler, den man begehen kann, ist, sie als weltfremde Träumer abzutun. Denn wenn jemand die Kraft hat, eine gute, noch nie dagewesene Idee in die Tat umzusetzen, dann sie.

Freunde

Um in einem Bereich wirklich den Durchbruch zu schaffen, brauchen sie jedoch die Unterstützung ihres Freundes- und Bekanntenkreises. Nur wenn sie wissen, daß andere an sie glauben, sind sie auch in der Lage,

Außergewöhnliches zu leisten, sei es im Beruf oder in irgendeinem anderen Lebensbereich. Fehlt ihnen die Unterstützung durch den Partner und die soziale Umwelt, können Begeisterung und optimistische Weltsicht von einem Moment zum nächsten in tiefe Depressionen umschlagen. Ihre Gefühle sind immer groß, sei es nun Freude oder Verzweiflung; mit Halbheiten geben sie sich nicht ab – und bei ihren Emotionen schon gar nicht.

Wechselhafte Gefühle

Doch so schnell, wie sie in das tiefe Loch völliger Niedergeschlagenheit fallen können, so unvermittelt krabbeln sie auch wieder heraus, ohne daß man ihnen auch nur eine Blessur anmerken würde. Schließlich zählt für sie die Vergangenheit (fast) nichts und die Zukunft alles.

Auffällig ist ihr empfindsames Reagieren auf die Mondphasen. Das gilt insbesondere für den Vollmond, aber auch für den Neumond. In diesen Tagen sollten Schützemond-Geborene nach Möglichkeit Alkohol meiden und keine besonders schwierigen oder riskanten Dinge unternehmen.

Menschen mit einem sparsameren Seelenleben fühlen sich durch den Schützemond oft emotional überfordert – sie sind diesem Ausmaß schnell wechselnder intensivster Emotionen und Ideen einfach nicht gewachsen und fühlen sich manchmal regelrecht erschlagen. Das macht auch für Partner und Lebensgefährten den Umgang mit einem Schützemond gelegentlich ein wenig schwierig. Aber dessen Lebensmut ist ansteckend. Denn es ist faszinierend, wie er sich diesem Leben trotz all seiner Schwierigkeiten mit so viel Begeisterung stellt.

Emotionen

Steinbockmond

Konven-
tionen

Jungfrauen legen Wert auf gesellschaftliche Konventionen, diejenigen mit einem Steinbockmond noch mehr. Ihnen sind öffentliche Anerkennung und Karriere außerordentlich wichtig. So ergeben sich Ehrgeiz und Zielstrebigkeit fast schon zwangsläufig. Langfristige Planung ist für sie etwas Selbstverständliches, und sie können geduldig warten, bis ihre Zeit gekommen ist. Viele Menschen mit dieser Konstellation nehmen langjährige Ausbildungen und umfangreiche Schulungen in Kauf, um einmal den gesellschaftlichen Status zu erreichen, den sie sich als Ziel gesetzt haben.

Auffällig häufig ist hier ein Interesse an gesellschaftlichen, politischen und sozialen Fragen vorhanden, so daß oft auch ein Beruf aus diesem Bereich gewählt wird. So haben zum Beispiel viele besonders fähige Juristen und Sozialarbeiter diese Konstellation.

Sparsam-
keit

Sie sind die mit Abstand sparsamsten Vertreter ihres Zeichens, Verschwendung, gleich in welcher Form, ist ihnen ein Greuel. Lieber drehen sie jeden Pfennig dreimal um, bevor sie ihr Geld für unnötige Anschaffungen ausgeben. Ihre Mitmenschen werden unter ihrem besonders sorgfältigen Umgang mit den Finanzen jedoch nur in den seltensten Fällen zu leiden haben. Im Gegenteil: Fast immer besitzen sie einige Rücklagen, und sie sind stets bereit, einem Freund, der in wirtschaftlichen Schwierigkeiten steckt, auszuhelfen.

Eine ihrer herausragenden Eigenschaften ist ihr außergewöhnlicher Gerechtigkeitssinn. Von Fairneß halten sie sehr viel – so viel, daß sie auch bereit sind, für deren Durchsetzung persönliche Nachteile in Kauf zu nehmen. Einen Mangel an Konsequenz oder besonderen Egoismus wird ihnen deshalb kaum jemand vorwerfen können.

Nach außen wirken sie wie stabile, unkomplizierte und geradlinige Persönlichkeiten. Ihre oft vorhandene Unsicherheit in Gefühlsdingen merkt man ihnen schwerlich an.

Schließlich sind sie fast immer ordentlich, zuverlässig und systematisch. Das wird von ihrer Umgebung automatisch mit Selbstsicherheit gleichgesetzt. Außenstehende sind davon überzeugt, daß sie ihr Leben fest im Griff haben und immer genau wissen, wo es langgeht. *Ordnung*

Ihr Leben ist so gut wie immer von einem geregelten Tagesablauf geprägt. Dabei scheinen sie alles Zufällige und Unkalkulierbare aus ihrem Umfeld verbannen zu wollen. Unordnung und die Unwägbarkeiten des Lebens machen ihnen manchmal regelrecht angst. Aus diesem Grund halten sie hin und wieder auch an Entscheidungen fest, die mittlerweile längst ihre Grundlage verloren haben. Überspitzt formuliert, gleichen sie in solchen Situationen Menschen, die im strömenden Regen in den Garten gehen, um die Blumen zu gießen, weil sie sich das am Morgen vorgenommen haben.

Die herausragendste und einmalige Fähigkeit der Steinbockmond-Geborenen ist ihre unmittelbare seelische Ankopplung an gesellschaftliche Phänomene und Prozesse. So wird *Trend-gespür* beispielsweise ein Boutiquebesitzer instinktiv wissen, welche Mode die Menschen im nächsten Sommer kaufen wollen, und sich entsprechend einrichten. Ein Buchhändler wird die kommenden Bestseller schon vor ihrem Durchbruch auf Lager haben – und so weiter.

Prominente Vertreter

Das persönliche Empfinden ist einfach sehr stark angekoppelt an das, was gesellschaftliche Norm ist oder bald sein wird. Auch der NS-Propagandaminister Goebbels hatte diese Konstellation. Auf der anderen Seite setzte Papst Johannes XXIII. Maßstäbe, was die Aussöhnung der Menschen im allgemeinen und die der christlichen Kirche im besonderen anging. Der ehemalige Schauspieler Karlheinz Böhm leistet Vorbildliches und Bewundernswertes mit seiner Aktion »Menschen für Menschen« gegen Hunger und Armut in Äthiopien. Hemingway und Fassbinder schufen in ihrem jeweiligen Œuvre Zeitporträts von ungeschönter Präzision. Keiner karikierte meines Erachtens das deutsche und vor allem das bayrische Spießertum treffender als Karl Valentin, während für mich der Maler Max Ernst in seinem Genre den genauesten Spiegel des Zeitgeistes unseres Jahrhunderts schuf. Diese sehr unterschiedlichen Beispiele wurden ganz bewußt nebeneinandergesetzt: Allen gemeinsam ist die enge Verknüpfung mit gesellschaftlichen Prozessen. Niveau und Verwirklichungsbereich sind selbstverständlich sehr unterschiedlich.

Ausdauer

Neben den Skorpionmond-Geborenen sind Steinbockmonde sicherlich die Menschen mit der größten Konsequenz und Ausdauer in der Verfolgung ihrer Ziele. Sie konzentrieren sich ausschließlich auf das Wesentliche und lassen sich durch nichts und niemanden von ihren Vorsätzen abbringen.

Da sie in ihrem Gefühlsleben ja gleichzeitig »auf der Welle der Zeit« schwimmen, wird es allerdings nicht allzu häufig vorkommen, daß ihnen ernsthaft Steine in den Weg gelegt werden. Selbst eine Marianne Bachmeier kam ja mit einer verblüffend milden Strafe davon, nicht zuletzt wohl deshalb, weil sich der größte Teil der Nation mit ihrem Verhalten identifizieren konnte.

Drei Bereiche, die eng miteinander zusammenhängen, können die persönliche Entwicklung der Steinbockmond-Geborenen blockieren: die Angst vor Gefühlen und emotionaler Geborgenheit, die Hemmung, sich Konflikten und unschönen Auseinandersetzungen zu stellen, und die genau aus diesem Grund vorhandene Neigung, allzu intensiven persönlichen Beziehungen aus dem Weg zu gehen.

Blockaden

Die großen Dinge des Lebens sind für sie kein Problem, die kleinen aber schon. So kann einer ein Firmenimperium aufbauen, ohne jemals gelernt zu haben, Mitarbeiter angemessen zu kritisieren und umgekehrt auf deren Kritik einzugehen. Ein anderer mag ein herausragender Wissenschaftler sein, ohne die Zeit zu finden, eine Familie zu gründen. Alles, was mit echten persönlichen zwischenmenschlichen Beziehungen zu tun hat, ist für sie die größte Herausforderung überhaupt. Sich auf Menschen einzulassen, ohne daß es klare Spielregeln und Bedienungsanweisungen gibt, verunsichert die Steinbockmond-Geborenen mehr als alles andere – und es verschafft ihnen die

Herausforderung

größte Befriedigung, wenn es ihnen doch gelingt, über ihren Schatten zu springen.

☽

Wassermannmond

Jungfrauen sind Individualisten, die, die den Mond im Wassermann stehen haben, um so mehr. So können diese ausgeprägten Persönlichkeiten niemanden kaltlassen – entweder man liebt und bewundert sie, oder man hält sie für verschrobene Exzentriker, die sich hinter einer scheinbar harmlosen Fassade verstecken. In der Tat ist der Umgang mit ihnen nicht immer leicht: Dinge, die sie gestern noch begeistert haben, können ihnen heute völlig gleichgültig *Sprung-* sein. Doch sprunghafte Stimmungswechsel und *haftigkeit* Einstellungsänderungen sind ihre Stärke und nur selten eine Schwäche. Denn immer sind sie auf der Suche nach dem Neuen, Außergewöhnlichen und Originellen. Alltägliches gibt es schließlich schon genug, und sie sind nicht auf dieser Welt, um sich mit Trivialitäten abzugeben. So haben denn auch viele Künstler und Lebenskünstler diese Konstellation. Da sie in hohem Maße von ihren Stimmungen abhängig sind und aus diesen auch ihre besondere Kreativität beziehen, können sich nur wenige an einen geregelten Tagesablauf gewöhnen. Das macht ihnen die Arbeit in einem normalen Beruf natürlich nicht leicht, und wann immer möglich, werden sie sich eine Tätigkeit wählen, die ihnen *Beruf* größtmöglichen Freiraum in der Gestaltung ihrer Arbeitszeit läßt. So wichtig ihnen ihr persönlicher Freiraum auch ist, so liegt den höherentwickelten Persönlichkeiten doch viel daran, sich diesen nicht auf Kosten anderer zu verschaffen. Sie möchten nicht nur einfach ihr »eigenes Ding« machen, sie sind auch fast immer bestrebt, mit ihren originellen Fähigkeiten die Welt oder doch zumindest ihre persönliche Umgebung ein wenig menschlicher, bunter und phantasievoller zu machen.

Oft besitzen Menschen mit einem Wassermannmond ein ausgesprochen komisches Talent, das ihr Publikum auf unterhaltsame Weise zum Nachdenken anregt. Sie verfügen über die natürliche Gabe, sich über eine Situation zu stellen, Angriffe und Kritik an sich abperlen zu lassen und so zu tun, als ob jemand ganz anderer gemeint wäre. In den meisten Fällen reicht das schon, um den Gegner ins Leere laufen zu lassen.

Komik

Wer unter dieser Konstellation geboren wurde, für den ist nicht das Außergewöhnliche, sondern der Alltag eine echte Herausforderung – zum Beispiel Rechnungen pünktlich zu bezahlen oder den Garten in Ordnung zu halten.

Aufgaben

Fischemond

Wenn Sie eine Jungfrau kennen, aus der Sie auch nach langer Zeit und trotz ernsthaften Bemühens einfach nicht schlau werden, ist die Wahrscheinlichkeit hoch, daß ihr Mond in den Fischen steht. Das ist auch weiter kein Wunder, schließlich ist es nicht leicht, einen Menschen zu verstehen, der ein verträumter Romantiker und Schöngeist und gleichzeitig ein sorgfältiger, ordnungsliebender und realistischer Pragmatiker ist.

Verständnis

Ihre Stärke ist, daß sie – darin sind sie den Schützemond-Geborenen ähnlich – für so ziemlich alles und jeden Verständnis aufbringen können, allerdings ohne daß sie deshalb immer automatisch damit einverstanden wären. Da sie gleichzeitig auch gute Zuhörer sind, fühlt sich ihr Gegenüber verstanden und kann selbst Kritik akzeptieren, ohne sich verletzt zu fühlen.

Ihre größte Schwierigkeit im Umgang mit sich selbst ist hingegen, daß sie im Leben immer wieder Phasen durchlaufen, in denen sie beim besten Willen nicht wissen, was sie wollen – das aber mit aller Macht. In solchen Perioden sind sie ruhelos, grüblerisch und mit sich und der Welt zutiefst unzufrieden. Wann immer es möglich ist, sollten sie in solchen Zeiten eine kreative Pause einlegen und sich an einen Ort zurückziehen, wo sie ungestört ihren Gedanken nachhängen können. Je mehr es ihnen gelingt, abzuschalten und sich von dem Zwang, immer etwas tun zu müssen, zu befreien, um so schneller werden sie ihre innere Klarheit zurückgewinnen. Voller neuer Ideen und mit frischem Elan kehren sie dann wieder in die Alltagswelt zurück.

Sensibilität

Überhaupt besitzen diese Menschen eine ganz außerordentliche Sensibilität in Verbindung mit einem scheinbar unerschöpflichen seelischen Energiereservoir. Mehr als andere neigen sie deshalb auch dazu, sich bis zur völligen Erschöpfung zu verausgaben. Schon allein aus diesem Grund sind regelmäßige Erholungsphasen und Rückzugsmöglichkeiten dringend notwendig.

Höherentwickelten Persönlichkeiten ist – trotz der durchaus häufig vorhandenen Heimatliebe – jede Form von Stammtischpatriotismus fremd. Kulturelle und soziale Unterschiede sind ihnen nicht so wichtig, auch wenn sie die damit verbundenen Probleme im praktischen Leben durchaus sehen. Für sie

Werte

persönlich zählen jedoch ausschließlich der Charakter eines Menschen und nicht seine Herkunft oder sein Bildungsgrad.

Zu Menschen, die ihnen nicht liegen, suchen sie eine höfliche Distanz, aus der jeder ungestört seine eigenen Wege gehen kann. Offenem Streit oder aggressiven Auseinandersetzungen stellen sie sich nur, wenn sich dies überhaupt nicht vermeiden läßt. Das bedeutet mitnichten, daß sie feige wären, doch in der Regel sind sie einfach davon überzeugt, daß es produktivere Möglichkeiten gibt, Meinungsverschiedenheiten auszutragen, als sich zu bekämpfen.

Intuition   Neben der außergewöhnlichen Phantasie und der so gut wie immer vorhandenen künstlerischen Begabung besitzen sie auch eine starke Intuition. Kaum jemand versteht es besser, zur richtigen Zeit am richtigen Ort zu sein, als sie.

Die größte Schwierigkeit mit dieser Konstellation mag die Einsicht sein, daß es keinen anderen Sinn im Leben gibt außer dem, den wir ihm selbst geben. Da es für Fischemonde keine verbindlichen Vorgaben gibt, an denen sie sich orientieren und festhalten könnten, müssen sie lernen, sich selbst die Welt zu »erschaffen«, in der sie leben wollen und können. Der Fischemond bietet die größte Chance zur Freiheit, aber er stellt auch die größte Herausforderung aller Mondzeichen dar.

Was kommt auf die Jungfrau zu?

Welcher Tag wofür geeignet ist

Ein wichtiger Bereich der Astrologie ist die Prognose, also die »Vorhersage« zukünftiger Ereignisse. Viele Astrologen machen keine Prognosen mehr, weil sie meinen, damit seriöser zu wirken und bei ihren Gegnern eher anerkannt zu werden. Ich habe allerdings den Verdacht, daß die meisten vor Zukunftsdeutungen *Prognose* zurückschrecken, weil sie dies einfach nicht können. So versucht also mancher, aus der Not eine Tugend zu machen. Nützen tut dies niemandem. Kein Astrologiegegner läßt sich bekehren, weil manche Astrologen keine Prognosen mehr machen. Und wer die Dienste eines Astrologen beansprucht, möchte im allgemeinen doch etwas über seine Zukunft erfahren. Auch Meister der Astrologie geben zu, daß nicht jede Vorhersage exakt eintrifft. Das ist aber weder schlimm noch ein auf die Astrologie begrenztes Phänomen: Die Leistungen der modernen Meteorologie sind unbestritten, und dennoch kann es immer wieder passieren, daß man beispielsweise im Auto sitzt und den Wetterbericht hört, dem zufolge es besonders schön sein soll, während man die Scheibenwischer laufen läßt, weil es draußen in Strömen schüttet. Und es gibt viele Menschen, die gesund und munter sind, obwohl ihnen ein Arzt vor Jahren nur noch wenige Wochen Lebenserwartung prophezeit hat.

Astrologen sind keine Wahrsager, und unfehlbar sind sie schon gar nicht. Diese Eigenschaften teilen sie mit den meisten anderen Menschen. Trotzdem ist die Bestimmung der Chancen und Risiken zukünftiger Ereignisse sinnvoll und nützlich. So mancher liebeskranke Jüngling würde viel darum geben, wenn er den Tag wüßte, an dem die Aussichten, bei seiner Angebeteten Gehör zu finden, am größten sind. Sicherlich würde er auch hinnehmen, daß er sich eventuell noch ein Weilchen gedulden muß. Um so mehr, wenn ihm bewußt ist, daß übereiltes Handeln alles verpatzen könnte oder seine Herzdame gar in die Arme eines anderen treibt.

Bestimmung der Chancen

Genau das kann die Astrologie leisten: zu bestimmen, wann Ihre Chancen, erfolgreich zu sein, besonders gut sind und wann man von etwas besser die Finger läßt. Dies ist sogar so einfach, daß man kein Experte sein muß, um günstige und kritische Tage zu bestimmen. Und so geht's:

Als erstes benötigen wir den Geburtstag des Menschen, für den wir die Prognose machen wollen. Nehmen wir als Beispieldatum den 10.4., das Geburtsjahr spielt keine Rolle.

6 Monate nach dem Geburtstag finden Sie den Begegnungszeitraum. Das ist in unserem Beispiel der 10.10. plus/minus 5 Tage, also vom 5. bis zum 15.10. Dies ist die günstigste Zeit im Jahr, um jemanden kennenzulernen, sich mit

Begegnungszeitraum

anderen auszusöhnen oder einfach etwas mit den Menschen zu unternehmen, die einem am meisten bedeuten. Je mehr Sie sich in diesen Tagen auf andere statt auf sich selbst konzentrieren, um so mehr werden Sie von dieser Zeit profitieren. *Die für Sie persönlich günstigsten Zeiträume finden Sie 4 und 8 Monate nach dem Geburtstag*. In unserem Beispiel wären dies also der 10.8. und der 10.12. Auch hier gilt wie in allen anderen Fällen ein Zeitraum von plus/minus 5 Tagen. Alles, was Sie jetzt beginnen, hat größere Chancen als sonst, zu einem erfolgreichen Ergebnis zu gelangen. Passieren wird in diesen Phasen allerdings nur selten etwas Außergewöhnliches. Hier gilt das englische Sprichwort: »No news is good news« (Keine [schlechten] Nachrichten sind gute Nachrichten). Diese Konstellation wirkt sich genau umgekehrt aus wie die 3 und 9 Monate nach dem Geburtstag. *(Persönlich günstiger Zeitraum)*

Schließlich sollen noch zwei Zeiträume genannt werden, die besonders für berufliche und geschäftliche Reisen geeignet sind. Sie eignen sich auch bevorzugt für Verhandlungen und Gespräche, Veränderungen in der Wohnung oder am Haus sowie für das Zusammentreffen mit Freunden oder Geschäftspartnern. Die Daten sind 2 und 10 Monate nach dem Geburtstag. In unserem Beispiel wären das der 10.6. und der 10.2. *(Beruf und Reise)*

Da sich diese Daten jedes Jahr wiederholen, genügt es, sie einmal zu berechnen und zu notieren. Wenn Sie die hier gemachten Aussagen mit den Ereignissen in Ihrer persönlichen Vergangenheit überprüfen, werden Sie mit Sicherheit feststellen, daß sich so häufig treffende Übereinstimmungen ergeben, daß schon böser Wille oder Ignoranz notwendig sind, um hier noch von »reinem Zufall« sprechen zu können. Eine besonders kritische Zeit, in der Sie besser keine wichtigen Entscheidungen treffen und in der Sie nicht unnötig Riskantes unternehmen sollten, ist *3 Monate nach dem* *(Kritische Zeit)*

Geburtstag. Da der April der 4. Monat im Jahr ist, rechnen wir einfach 4 + 3 und kommen so auf den 10.7. Die Zeit 5 Tage vor bis 5 Tage nach diesem Datum ist nun ein Zeitraum, während dessen besondere Vorsicht angebracht ist.

Die gleiche Konstellation gilt *9 Monate nach dem Geburtstag*. Bei unserem Beispieldatum wäre dies der 10.1., 4 + 9 = 13. Auch hier gilt wieder der Zeitraum plus/minus 5 Tage, somit der 5. bis 15.1.

Auf diese Weise haben Sie einfach und zuverlässig die beiden Zeiträume im Jahr bestimmt, in denen Sie besser nicht aktiv werden sollten, weil die Gefahr, Fehler zu machen, größer als sonst ist. Diese beiden Daten sind jedoch nicht durchweg problematisch, das gilt nur für das eigene Handeln und für Entscheidungen von großer Tragweite.

Positive Ereignisse

Dafür sind die Chancen, daß Ihnen Positives widerfährt, höher als sonst. Das mag wie ein Widerspruch klingen, ist es aber nicht: In den genannten Zeiträumen hat schon mancher eine Gehaltserhöhung bekommen, oder er erhielt einen wichtigen Brief, auf den er schon lange gewartet hatte. Möglicherweise schenkt Ihnen jemand etwas, oder Sie finden einen verlorengegangenen Gegenstand wieder. All dies sind jedoch Vorgänge, die Sie nicht direkt beeinflussen können. Man erlebt sie als glückliche Zufälle oder als das Ergebnis von Aktivitäten, die schon zurückliegen. Je offener Sie sind, je mehr Sie bereit sind, in diesen Tagen die Dinge einfach auf sich zukommen zu lassen, um so größer ist die Chance, daß aus Unglückstagen Glückstage werden.

Genauere Aussagen lassen sich treffen, wenn Sie berücksichtigen, daß die Konstellationen in den meisten Fällen am stärksten am berechneten Datum bis 2 Tage danach »wirken«. In unserem Beispiel wären das also der 10. bis 12. in den jeweiligen Monaten.

Diese Aussagen lassen sich wiederum präzisieren, wenn Sie die im übernächsten Abschnitt beschriebenen persönlichen Glücks- und Unglückszahlen mit einbeziehen. Hierzu müssen Sie lediglich das Datum in eine ein- und eine zweistellige Zahl verwandeln. Greifen wir wieder auf unser Beispiel zurück und wählen den 10.10.1997. (Bei dieser Rechnung muß die Jahreszahl mit einbezogen werden.) Um zu einer ein- und einer zweistelligen Zahl zu gelangen, müssen Sie lediglich die Quersumme des Datums bilden, das heißt die einzelnen Ziffern addieren: $1 + 1 + 1 + 9 + 9 + 7 = 28$; $2 + 8 = 10$; $1 + 0 = 1$. Der 10.10.1997 ergibt also zwei zweistellige und eine einstellige Zahl: 10, 28 und 1. Jetzt müssen Sie lediglich nachschauen, ob eine dieser Zahlen zu Ihren persönlichen Glücks- oder Unglücksdaten gehört. Da in unserem Beispiel der 10.10. der Stichtag des persönlichen Begegnungszeitraumes ist, ergeben sich folgende Deutungen:

*Glücks-
und
Unglücks-
zahlen*

◆ *Glückszahl:* deutlich erhöhte Wahrscheinlichkeit für positive zwischenmenschliche Kontakte und angenehme Erlebnisse im Partnerschaftsbereich;
◆ *Unglückszahl:* deutlich erhöhte Wahrscheinlichkeit für wichtige Erlebnisse im Begegnungsbereich, die jedoch nicht frei von Spannungen und Konflikten sein werden;

◆ *keine Zahl:* allgemein erhöhte Ereignis-
wahrscheinlichkeit im Begegnungsbereich,
die jedoch nicht annähernd so groß ist wie
die Auslösung durch Glücks- oder Unglückszahlen.

Wer es genau wissen möchte, berechnet die
Zahlen für den gesamten Ereigniszeitraum.

Diese Technik ist sehr einfach. Überprüfen
Sie einige Ereignisse der Vergangenheit, und
machen Sie sich ein eigenes Bild von ihrer
Treffsicherheit. Die besten Entsprechungen
werden Sie bei der Übereinstimmung mit persönlichen Unglücks- oder Glückszahlen finden, die auf den Stichtag plus/minus zwei Tage
fallen.

Was die Jungfrau im Lauf des Jahres erwartet

Wohl jeder würde gern wissen, was die nächste
Zukunft für ihn bereithält, erst recht, wenn er
sich für Astrologie interessiert. Um eine allge-
Vorhersage   meine Übersicht zu erhalten, gibt es eine sehr
einfache und effektive Methode: Merken Sie
sich genau die Ereignisse am Tag vor Ihrem
Geburtstag, am Geburtstag selbst und einen
Tag nach dem Geburtstag. So, wie es Ihnen an
diesen Tagen im kleinen geht, so verläuft im
großen das darauffolgende Lebensjahr. Das
heißt, der Tag vor dem Geburtstag entspricht
dem ersten Jahresdrittel, der Geburtstag dem
zweiten und der Tag nach dem Geburtstag
dem dritten.

Ein Beispiel aus der Praxis: Ein junger Mann
fiel bei Reparaturarbeiten an seinem Haus

Der Astronomus.

So bin ich ein Astronomus/
Erkenn zukünfftig Finsternuß/
An Sonn und Mond/durch das Gestirn
Darauß kan ich denn practiciern/
Ob künfftig komm ein fruchtbar jar
Oder Theuwrung und Kriegßgefahr/
Und sonst manicherley Kranckheit/
Milesius den anfang geit.

Astronomus: Bild von Jost Amman und Vers von Hans Sachs aus »Eygentl. Beschreibung Aller Stände auff Erden«, Frankfurt 1568 einen Tag vor seinem Geburtstag von einer Leiter und verstauchte sich ein Fußgelenk. Am Geburtstag mußte er gegen seine ursprüngliche Absicht arbeiten, da ein Kollege krank geworden war. Als er später heimkam, um mit seiner Frau endlich zu feiern, war er so überreizt, daß es zum Streit kam und der ganze Abend verdorben war. Am darauffolgenden Tag sorgte er dafür, daß er früher als sonst *Beispiel* heim konnte. Er versöhnte sich mit seiner Frau, die beiden beschlossen spontan, den Abend nachzufeiern. Sie gingen aus und verstanden sich so gut wie schon lange nicht mehr. Der Streit war vergessen und begraben.

Zwei Monate später zog sich der junge Mann beim Skilaufen einen komplizierten Beinbruch zu, der ihn für sechs Monate arbeitsunfähig machte. Die ganze Zeit über war unklar, ob sein Bein wieder vollständig gesunden würde. Zusätzlich bedrückte ihn die Sorge um seinen Arbeitsplatz. Die erzwungene Untätigkeit und die Ungewißheit setzten ihm so zu, daß er phasenweise trank und das Verhältnis zu seiner Frau immer schlechter wurde. Im zweiten Jahresdrittel entlud sich die angespannte Situation in einem schlimmen Ehekrach. Nervlich am Ende und unter Alkoholeinfluß schlug er sogar seine Frau, was ihm sonst nie in den Sinn gekommen wäre. Noch am selben Abend zog diese zu einer Freundin. Der junge Mann verfiel jetzt kurzzeitig vollständig dem Alkohol. Er änderte seine Lebensweise jedoch radikal, als der Gips entfernt wurde und sich zeigte, daß sein Bein vollständig verheilt war. Er hatte nicht, wie befürchtet, seinen Arbeitsplatz verloren. Sofort stellte er seinen übermäßigen Alkoholkonsum ein. All dies gab ihm die Kraft, einzusehen, in welchem Maße er selbst zu der traurigen Entwicklung in seiner Ehe beigetragen hatte. Er bemühte sich darum, seine Frau zurückzugewinnen, was ihm auch schließlich gelang. Drei Monate vor seinem Geburtstag kam es zu einem ausgedehnten Treffen zwischen beiden, bei dem sie zum erstenmal offen über die Probleme in ihrer Ehe sprachen. Nach der Aussöhnung verstanden sich beide besser als je zuvor.

Zugegeben, nicht immer sind die Entsprechungen so offensichtlich wie in diesem Bilderbuchbeispiel. Aber glücklicherweise werden wir ja auch nicht jedes Lebensjahr von solch dramatischen Ereignissen gebeutelt. Wer sich die Mühe macht und die Ereignisse um vergangene Geburtstage mit denen der darauffolgenden Lebensjahre vergleicht, lernt schnell, diese Zusammenhänge zu sehen und zu verstehen. Mit ein wenig Kreativität können Sie dann auch Ihren letzten Geburtstag untersuchen und eine Prognose für das laufende Lebensjahr wagen. Wer es noch genauer wissen möchte, der sei auf den nachfolgenden Abschnitt verwiesen.

Zusammen-
hänge
verstehen

Nur einen Fehler sollten Sie unbedingt vermeiden: Lassen Sie sich nicht ins Bockshorn jagen, Bangemachen gilt nicht. Verderben Sie sich nicht zukünftige Geburtstage durch die Angst vor jedem noch so kleinen Mißklang! Wer derartige Zusammenhänge zu ernsthaft und besorgt betrachtet, geht in die Falle lebensfeindlichen Aberglaubens. Das ist nicht der Sinn der Sache. Eine neugierig-humorvolle Herangehensweise ist hier sicherlich das beste Gegenmittel.

Aberglaube

Die persönlichen Glücks- und Unglückszahlen

Die Glückszahl der Jungfrau ist die 6. Das gilt auch für alle Zahlen, die auf die Ziffer 6 enden, sowie deren Vielfache. Das heißt, für Jungfrau-Geborene sind zum Beispiel das 6., das 12., das 18., das 24., das 26. und das 66. Lebensjahr von entscheidender Bedeutung, meist im positiven Sinne.

Günstige Tage

Wer möchte, kann diese Entsprechungen auf die Tage eines Monats anwenden. Hier wären also etwa der 6., der 12. und der 26. besonders günstig. Von noch größerem Vorteil ist es, wenn ein solches Datum auf einen Mittwoch fällt.

Eine weitere Steigerung ist möglich, wenn die Quersumme des untersuchten Datums ebenfalls 6 beträgt. Die Quersumme finden wir, indem wir die Ziffern eines Datums einfach zusammenzählen. Beispiel: 6.1.1970 = 6 + 1 + 1 + 9 + 7 + 0 = 24. 2 + 4 = 6.

Natürlich läßt sich dieses Spiel auch anwenden auf Autonummern, Hausnummern oder die Zahlen, auf die man beim Roulette setzt. Allerdings kann man alles so übertreiben, daß aus einer guten Sache eine schlechte wird.

Unglücks-zahlen

Die Unglückszahlen der Jungfrau sind die 3 und die 13. Die Anwendungsregeln sind die gleichen wie bei den Glückszahlen. Auch hier sollte man Übertreibungen vermeiden. Nur eine ausgesprochen dumme Jungfrau läßt sich etwa den Partner ihrer Träume durch die Lappen gehen, weil dieser etwa zum Zeitpunkt des Kennenlernens 23 Jahre alt ist.

Der aufmerksame Leser wird bemerkt haben, daß es Zahlen geben muß, die gleichzeitig Glücks- und Unglückszahlen sind, zum Beispiel 26 (2 × 13) oder 33. Hier ist anzumerken, daß die Quersumme immer bedeutsamer ist als die letzte Ziffer. Die letzte Ziffer wiederum ist dominanter als die Vielfachen. Die 33 (Quersumme 6) und die 26 (letzte Ziffer 6) sind also eher positiv zu werten.

Zu guter Letzt sollen in diesem Zusammenhang noch die Ergänzungs- oder Begegnungszahlen erwähnt werden. Diese sind bei der Jungfrau die 3 und die 12. Alle Daten, die auf 3 oder 12 enden und oder als Quersumme 3 ergeben, eignen sich daher für Begegnungen und zwischenmenschliche Kontakte aller Art. Hier haben wir also den Sonderfall, daß eine Unglückzahl für Begegnungen besonders günstig zu werten ist.

Ergänzungs- und Begegnungszahlen

MÄSSIGKEIT

Die Jungfrau und ihr Umfeld

Die Jungfrau und die anderen

Jungfrau-Menschen sind keine ausgesproche-
nen Einzelgänger, aber sie sind auch nicht unbedingt auf Gesellschaft angewiesen. Auf das
richtige Maß kommt es an, denn allzuviel be-
drängende zwischenmenschliche Verpflich-
tungen können ihnen regelrecht den Atem
verschlagen, und in Extremfällen entwickeln
einige Jungfrauen dann sogar Allergien, Ver-
dauungsstörungen und nervöses Asthma. Fehlen ihnen die richtigen sozialen Kontakte
ganz, werden sie dagegen orientierungslos und
depressiv. Eine der Schwächen der Jungfrau-
Menschen sind ihre Schwierigkeiten, auf andere zuzugehen. Natürlich gibt es Ausnahmen,
aber im allgemeinen fällt es ihnen außerhalb
ihres gewohnten Umfelds schwer, den Kontakt
mit ihren Mitmenschen aufzunehmen. Da sie
keinen Wert darauf legen, besonders aufzufallen, können sie in einer fremden Umgebung
schnell zum Mauerblümchen werden – man
übersieht sie einfach. Die meisten Bekanntschaften entstehen daher am Ausbildungs-
oder Arbeitsplatz, wo sich Kontakte ja schon
fast zwangsläufig ergeben.

*Ausgewo-
genheit*

Die zweite Schwierigkeit ist ihr häufiges Un-
vermögen, nein sagen zu können. Hier verhält
es sich in der Regel genau umgekehrt, wie in
den meisten Lehrbüchern behauptet wird. Dies
ist ja auch einer der Gründe, warum sie im persönlichen Umgang so vorsichtig sind. Eine Bitte
oder einen Wunsch können sie nur selten ab-

schlagen, selbst wenn dies völlig gegen ihre Interessen geht. Manche erfolgversprechenden Bekanntschaften zerbrechen daran, daß der Jungfrau-Mensch sich zurückzieht, nur weil er sich in einer bestimmten Situation nicht genügend abgrenzen konnte und eine Wiederholung dieses Dilemmas vermeiden wollte. In dieser Hinsicht gleichen sie ein wenig einem anderen Erdzeichen, dem Stier: Es mag eine Weile dauern, bis sich innige Freundschaften ergeben, diese sind dafür um so beständiger.

Abgrenzung

Dies umreißt die besonderen Fähigkeiten und auch die möglichen Schwierigkeiten dieses Tierkreiszeichens im Umgang mit anderen. Prinzipiell sind Jungfrau-Persönlichkeiten in der Lage, mit allem und jedem umzugehen, solange man sie nicht bedrängt. Sie erinnern sich: Menschen mit diesem Tierkreiszeichen sind in der Lage, das Beste aus jeder Situation herauszuholen – und das gilt auch für zwischenmenschliche Beziehungen. Die Jungfrauen sind ein bewegliches Erdzeichen und sind schon bereit, sich umtopfen zu lassen, aber das geht nicht von einer Minute auf die andere. Sie brauchen Zeit, um sich wirklich auf jemanden einzustellen und nicht nur freundlich und unverbindlich zu lächeln.

Daraus können manchmal folgenschwere Mißverständnisse entstehen: Solange Sie ihr nichts getan haben, wird die Jungfrau so gut wie immer freundlich und zuvorkommend sein – so freundlich und charmant, daß mancher mehr vermutet, als tatsächlich dahintersteckt. Wenn ihr Herz dagegen einmal Feuer gefangen hat, verhalten sich Jungfrau-Menschen oft erstaunlich unbeholfen, manchmal

Verhalten

sogar regelrecht abweisend. Hier sind Fingerspitzengefühl und Geduld die besten Medika-
mente. Vergessen Sie nicht: Eine Jungfrau verhält sich nur Menschen gegenüber seltsam, die
ihr unter die Haut gehen. Wer das weiß und es
ernst meint, wird schon den richtigen Weg zu
ihrem Herzen finden.

Fast alle Merkur-Menschen sind auf der *Suche*
Suche nach einem Lehrer, nach einer Auto-
ritätsperson, die ihnen den Weg weist. Das
heißt nicht, daß sie sklavisch einem Guru folgen wollen, diese Rolle liegt nur den allerwe-
nigsten von ihnen. Doch insgeheim wünschen
sie sich jemanden, der ihnen hilft, die richtigen Entscheidungen zu treffen. Sie wünschen
sich eine Orientierungshilfe, wie sie die vielen
Facetten ihrer Persönlichkeit zu einer stimmi-
gen Weltsicht verschmelzen können, die ihnen
innere Ruhe und Sicherheit gibt. Falls nicht in
der Schule ihr natürlicher Wissensdurst zerstört wurde, werden sie ein Leben lang mit Begeisterung hinzulernen, vorausgesetzt, es hat
einen praktischen Nutzen, wie zum Beispiel
eine berufliche Weiterbildung, die eine Beför-
derung und damit ein besseres Gehalt verspricht. Jedes Gespräch und jede Lektüre, die
für sie neue Informationen enthalten, werden
sie als Bereicherung empfinden. Falls es sich
noch um Themen handelt, denen ihr besonderes Interesse gilt, werden sie den Kontakt zu
dem Menschen suchen, von dem diese Informationen stammen, bis sie alles erfahren
haben, was sie wissen wollten, oder das Inter- *Wissens-*
esse an diesem Wissensgebiet verloren haben. *hunger*
So bestehen die besten Chancen, Kontakt zu
einer Jungfrau zu finden, am Arbeitsplatz, bei

Sicherheit einer beruflichen Fortbildung, in Ausstellungen oder Bibliotheken bzw. bei einem Volkshochschulkurs. In einer solchen Umgebung fühlen sie sich sicher und in ihrem Element. Dementsprechend tauen sie auch leichter auf, und ein gemeinsames Thema, über das man sprechen kann, hat man auch schon.

Wie kann's die Jungfrau mit den übrigen Tierkreiszeichen?

Entgegen der allgemein verbreiteten Meinung gibt es keine bestimmten Tierkreiszeichen, die automatisch gut zusammenpassen, während sich andere überhaupt nicht verstehen. Dies liegt nicht nur daran, daß unser Sonnenzeichen nur *ein* Aspekt unter vielen in unserem Horoskop ist. Entscheidend ist ganz einfach der gute Wille zweier Menschen: Ein Liebespaar, das glücklich verliebt ist, wird sich kaum darum scheren, ob es aus astrologischer Sicht miteinander harmoniert oder nicht. Umgekehrt können Menschen Todfeinde sein, die der Theorie nach doch gut zusammenpassen müßten. Dennoch sind allgemeine Hinweise sinnvoll und nützlich, um feststellen zu können, wo Stolpersteine im Umgang miteinander liegen können und wo es besondere Chancen gibt.

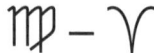

Jungfrau – Widder

Wesens- Widder und Jungfrauen sind sich von ihrem
fremdheit Wesen her eher fremd. Doch das Fremde

macht bekanntlich auch neugierig. Mit ein wenig gutem Willen können sich die beiden Partner hervorragend ergänzen, wenn erst einmal genügend Verständnis füreinander aufgebaut wurde.

Ergänzung

Widder unterliegen häufig dem Irrtum, sich der Jungfrau gegenüber überlegen zu fühlen, da sie dazu neigen, forscher und kecker aufzutreten. Es braucht eine Weile, bis sie merken, daß sie vielleicht schneller und mit größerer Lautstärke handeln, aber nicht unbedingt effektiver. Wo der Widder spontan reagiert, überlegt die Jungfrau erst und erreicht dadurch mit weniger Aufwand oft mehr. Der Widder-Partner muß lernen, für eine erfolgreiche Partnerschaft sein Dominanzstreben zurückzunehmen, um unnötige und belastende Auseinandersetzungen zu vermeiden. Die Jungfrau hingegen ist gefordert, sich vom heftigen Temperament des Widders nicht ins Bockshorn jagen zu lassen. Zu Beginn einer Bekanntschaft neigt die Jungfrau dazu, den Widder fast kritiklos zu bewundern, was sich dieser nur allzugern gefallen läßt. Es wird ihr schwerfallen, auch nur angemessen zu Wort zu kommen, denn bevor sie einen Gedankengang des vor Ideen übersprudelnden Widders nachvollzogen hat, ist dieser schon längst bei einem anderen Thema. So entsteht schnell der Trugschluß, daß ihr Gegenüber praktisch alles weiß und kann und es kein Problem gibt, das dieser nicht in kürzester Zeit lösen könnte. Staunend nimmt sie seinen Mut und sein Selbstbewußtsein zur Kenntnis, während sie selbst eher vorsichtig und voller Zweifel zu Werke geht. Schnell findet sie jedoch heraus,

Aufgaben

daß der Widder ein wenig dazu neigt, zu handeln, bevor er nachgedacht hat. Auch sein Hang, die Dinge in einem für ihn günstigen Licht erscheinen zu lassen, entgeht ihr nicht. So weicht die Bewunderung bald einer eher kritischen Haltung, und mit Kritik tun sich Widder nicht gerade leicht.

Wenn beide fähig und willens sind, diese Klippen zu umschiffen, können sich in dieser Verbindung Spontaneität und Sorgfalt, Geschwindigkeit und Gründlichkeit auf faszinierende Weise ergänzen. Der Weg zu einer tragfähigen Beziehung ist hier nicht einfach. Doch ist dieser Schritt gelungen, wird es kaum eine Herausforderung geben, der die beiden nicht gewachsen wären.

$$\text{♍} - \text{♉}$$

Jungfrau – Stier

In fast allen Büchern über Tierkreiszeichen wird diese Beziehung als besonders günstig beschrieben. Das gilt mit Einschränkungen. Zwar fehlt zwischen beiden Tierkreiszeichen die Reibungsfläche, das heißt, sie harmonieren sehr gut miteinander, aber allzuoft fehlt leider auch das gewisse Etwas, das eine Partnerschaft erst reizvoll macht. Das liegt unter anderem daran, daß beide Zeichen eher passiv sind. Sowohl der Stier als auch die Jungfrau suchen einen Partner, der die Initiative ergreift. Wenn nicht einer der Partner eine Feuerzeichenkomponente im Horoskop aufweist, besteht so die Gefahr, daß beide oft vergeblich auf den ersten Schritt des anderen warten.

Harmonie

Allerdings besitzen beide Zeichen einen natürlichen Respekt voreinander, der sich besonders positiv in geschäftlichen, aber auch rein freundschaftlichen Verbindungen auswirkt. Keiner überschreitet die Grenzen des anderen, und die üblichen Machtspielchen bleiben aus. *Respekt*

In Liebesbeziehungen ist besonders in der Anfangsphase eine ausgesprochen erfreuliche Sexualität möglich, die Meinungsverschiedenheiten schnell vergessen läßt. Paare, denen es gelingt, sich diese Erotik zu erhalten, werden sicherlich auch in der Lage sein, mit allen anderen Herausforderungen des Lebens gemeinsam fertig zu werden. Anderen wird es gelingen, die sexuelle Anziehung um den Aspekt einer Herzensbindung zu erweitern. Auch Paare, die dies erreichen, haben die denkbar besten Aussichten für eine glückliche gemeinsame Zukunft.

Beziehungen allerdings, die ohne besondere gegenseitige Anziehung oder Faszination ihren Anfang genommen haben, werden auch wenig Aussicht haben, sich zu einer harmonischen und tragfähigen Partnerschaft zu entwickeln. Die Gefahr, sich fremd zu werden, bevor man überhaupt richtig zueinandergefunden hat, ist in solchen Fällen sehr groß.

Manches Paar verbringt dann den Rest des Lebens damit, friedlich nebeneinanderher zu leben und sich miteinander zu Tode zu langweilen. Gemeinsame Kinder oder andere Herausforderungen tragen dazu bei, daß sich beide Seiten so aufeinander zubewegen, wie dies für eine echte und tiefer gehende Partnerschaft notwendig ist. *Langeweile*

♍ – ♊

Jungfrau – Zwillinge

Hier treffen zwei von Merkur beherrschte Zeichen aufeinander. Dennoch scheinen die echten Gemeinsamkeiten sich bereits in dieser Tatsache zu erschöpfen. Zwillinge und Jungfrauen sind sich nämlich von ihrem Wesen her eher fremd. Doch das Fremde macht bekanntlich auch neugierig. Mit ein wenig gutem Willen können sich die beiden Partner hervorragend ergänzen, wenn sie erst einmal genügend Verständnis füreinander aufgebaut haben.

Neugier

Zwillinge unterliegen häufig dem Irrtum, sich der Jungfrau gegenüber überlegen zu fühlen, da diese ihnen ein wenig langsam und hausbacken vorkommt. Es braucht eine Weile, bis sie merken, daß sie vielleicht schneller handeln, aber nicht unbedingt erfolgreicher. Wo die Zwillinge spontan reagieren, überlegt die Jungfrau erst und erreicht dadurch mit weniger Aufwand oft mehr. Der Zwillinge-Partner muß lernen, für eine tragfähige Beziehung seinen Hang zur Selbstgefälligkeit zu überwinden, um unnötige und belastende Auseinandersetzungen zu vermeiden. Insbesondere in der Anfangszeit hat die Jungfrau oft die Tendenz, den Zwilling regelrecht anzuhimmeln, kommt er ihr doch viel weltgewandter, eleganter und moderner vor, als sie sich selbst sieht. Der Zwilling sollte nicht in diese Falle gehen und sich zu sehr in seiner Eitelkeit sonnen. Die Jungfrau merkt schnell, daß auch hier nicht alles Gold ist, was glänzt, und der Zwilling im Zweifel eine gute Story der tristen

Aufgaben

Realität vorzieht. Wunschdenken und Wirklichkeit können dann nahtlos ineinander übergehen. Jungfrauen, die sich hier zu lange blenden ließen, ziehen sich manchmal enttäuscht und verbittert zurück. Sie fühlen sich hintergangen und betrogen. Schon aus diesem Grunde sollte der Zwillinge-Partner nicht allzu dick auftragen – und sich seiner Sache nicht zu sicher sein.

Die Jungfrau wiederum ist gefordert, sich von der Leichtigkeit und Oberflächlichkeit des Zwillings nicht einwickeln zu lassen. Oft hat sie die unbegründete Angst, den Zwilling mit dem Äußern eigener Standpunkte und Bedürfnisse in die Flucht zu schlagen. Umgekehrt wird in diesem Fall ein Schuh draus: Der Zwillinge-Partner wird die Jungfrau nur respektieren, wenn ihm unmißverständlich klar ist, daß diese mitnichten bereit ist, alles zu tolerieren und sich jeden Übergriff gefallen zu lassen. Um des lieben Friedens willen wird fast immer die Jungfrau nachgeben und der Zwilling die Beziehung entsprechend dominieren. Bis die Jungfrau von einem Tag auf den anderen erklärt, daß sie dieses Spiel nicht mehr mitmacht, und die Beziehung beendet.

Zwillinge sind Luftzeichen, sie möchten die Dinge möglichst mit leichter Hand angehen. Alles soll unkompliziert und vor allem nicht anstrengend sein. Das kommt der Jungfrau manchmal ein wenig zu oberflächlich vor. Zwar weiß sie die angenehmen Seiten des Lebens durchaus zu schätzen, aber sie weiß auch, daß die Götter vor den Erfolg den Schweiß gesetzt haben. Sie baut keine Luftschlösser, sie packt an, wo es notwendig ist.

Unterschiede

Chancen

Wenn beide fähig und willens sind, diese Klippen zu umschiffen, können sich hier Pragmatik und geistige Beweglichkeit, Eleganz und Gründlichkeit auf faszinierende Weise ergänzen. Der Weg zu einer tragfähigen Beziehung ist dabei nicht einfach. Doch ist dies gelungen, wird es kaum eine Herausforderung geben, der die beiden nicht gewachsen wären.

$$\text{♍} - \text{♋}$$

Jungfrau – Krebs

Wenig Reibungs- punkte

Krebse und Jungfrauen harmonieren gut miteinander. Es gibt wenig Reibungspunkte zwischen den Persönlichkeiten beider Zeichen, so daß die Voraussetzungen für ein friedliches Miteinander denkbar gut sind. Das mag für die berufliche Zusammenarbeit oder eine lockere Bekanntschaft ausreichen, für eine Beziehung sind sicherlich noch weitere Anknüpfungspunkte wünschenswert. Hier erhalten andere Horoskopfaktoren, wie etwa der Aszendent oder der Mond, eine große Bedeutung. Sie entscheiden darüber, ob es bei einer losen Bekanntschaft bleibt oder zu einer leidenschaftlichen Beziehung kommt. Für den Krebs wäre eine zusätzliche Fische-Betonung ideal, für die Jungfrau eine Steinbock-Komponente.

Was einer glücklichen Partnerschaft am meisten im Wege steht, ist jedoch die Neigung beider Zeichen, eher auf den anderen zu reagieren, als selbst die Initiative zu ergreifen. Dies macht ja bereits ein etwas näheres Kennenlernen nicht ganz einfach, wenn nicht gerade gute Freunde ein Erbarmen haben und die beiden miteinander verkuppeln. Auch in der Partnerschaft kann eine abwartende Grundhaltung beider Zeichen die Beziehung blockieren. Kaum etwas kommt so recht von der Stelle, und sowohl Krebs als auch Jungfrau laufen Gefahr, sich unerfüllt oder gar gelangweilt zu fühlen.

Fehlt die Fähigkeit oder die innere Motivation, an dieser Situation etwas zu ändern, läuft sich die Beziehung schnell tot. Die gegenseitige Toleranz verwandelt sich dann in Gleichgültigkeit, und bevor die beiden es merken, geht jeder schon lange seiner eigenen Wege. Wer gestern noch dachte, sich blind zu verstehen, ist sich heute bereits völlig fremd geworden. In solchen Partnerschaften sind Streits und Auseinandersetzungen beziehungsfördernder als eine Scheinharmonie ohne echte gegenseitige Berühungspunkte.

Gleich-gültigkeit

♍ – ♌

Jungfrau – Löwe

Dies ist nicht unbedingt eine günstige Kombination. Der Löwe braucht sein Publikum und die Möglichkeit zur Selbstdarstellung, die Jungfrau möchte Sicherheit und Beständigkeit und unter keinen Umständen auffallen. Der Löwe wirft das Geld (fast) mit offenen Händen zum Fenster hinaus, die Jungfrau möchte sparen und ihr Kapital gut anlegen. Der Löwe liebt das Risiko, die Jungfrau möchte das Erreichte nicht aufs Spiel setzen.

Wenn allerdings das Interesse aneinander groß genug ist, können sich diese so unter-

Ungünstige Kombination

schiedlichen Zeichen ausgezeichnet ergänzen, denn der eine gleicht die Schwächen des anderen aus, und beide können schlußendlich von ihren Stärken profitieren: Ein Löwe, der eine Jungfrau liebt oder schätzt, wird sich ernsthaft bemühen, ihren Rat zu berücksichtigen, während er sich doch sonst von niemandem gern etwas sagen läßt. Unbedachte und riskante Aktionen, die unnötig gefährlich sind, ohne daß außergewöhnliche Erfolgsaussichten den hohen Einsatz rechtfertigen, wird ein Löwe dann kaum noch unternehmen.

Umgekehrt wird die eher zurückhaltende und unauffällige Jungfrau sich vom Löwen zu mehr Lebenslust anstiften lassen können und dadurch vielleicht spontaner und genußfähiger werden. Wenn beide Seiten beständig daran arbeiten, ihre unterschiedlichen Temperamente zu verstehen und zu akzeptieren, so sind außergewöhnliche und fruchtbare Partnerschaften möglich. Anderenfalls besteht die Gefahr, daß wachsende gegenseitige Verständnislosigkeit der Beziehung die Grundlage entzieht. Schneller, als man denkt, werden die beiden sich dann fremd, und keiner hat dem anderen mehr etwas zu sagen. Das Hauptrisiko ist hier natürlich, daß der Löwe den Jungfrau-Partner zum Lobhudler und Beifallklatscher degradiert, während die Jungfrau die Verschwendungssucht, Selbstbezogenheit und Eitelkeit des Löwen irgendwann nicht mehr erträgt.

Verständnis

In der Praxis hat sich gezeigt, daß Löwe-Männer mit ihren Jungfrau-Damen oft besser dran sind, als ihnen selbst bewußt ist. Jungfrau-Männer hingegen müssen sich häufig anstrengen, um bei dem rasanten Tempo und der Energie ihrer Löwe-Frau mithalten und die Konkurrenz dauerhaft aus dem Feld schlagen zu können.

♍ – ♍

Jungfrau – Jungfrau

Bei allen Beziehungen, die denselben Tierkreiszeichen angehören, ergeben sich die gleichen, nur scheinbar widersprüchlichen Regeln. Zum einen gilt natürlich das Sprichwort »Gleich und gleich gesellt sich gern«. Allerdings ist dies eher für freundschaftliche Verbindungen als unbedingt für Liebesbeziehungen gültig. Schließlich sucht man im Partner weniger den Spiegel seiner selbst als vielmehr die Ergänzung. Sich selbst meint man ja mehr oder weniger zu kennen, aber das Gegenstück zum eigenen Charakter übt immer einen besonderen Reiz aus.

»Gleich und gleich gesellt sich gern«

Ähnlichkeiten im Wesen und im Verhalten sind sicherlich eine große Hilfe, um Mißverständnisse zu vermeiden, doch tragen sie nicht unbedingt zu einer Steigerung der gegenseitigen Toleranz bei. Menschen neigen in vielen Situationen dazu, für eigene Schwächen bei anderen weniger Verständnis aufzubringen als für Schwierigkeiten, mit denen sie selbst niemals zu kämpfen hatten. Der Logik nach sollte es anders sein, schließlich scheint es nicht vernünftig und ungerecht, dem Partner Unzulänglichkeiten vorzuwerfen, die man selbst besitzt. Doch niemand läßt sich gern den Spiegel vorhalten, wenn er darin gerade unvorteilhaft aussieht. Dies mag eine Erklärung sein. Ein weiterer Gesichtspunkt ist die Abneigung gegen Gewohnheiten, denen man selbst einmal gefrönt hat. Man denke nur an das Verhalten einiger ehemaliger Raucher, die um ein Vielfaches intoleranter gegenüber Noch-Rauchern sein können als so manche, die niemals eine Zigarette angerührt haben. Natürlich ist es jedoch immer auch eine Frage des Entwicklungsniveaus, inwieweit man die eigenen Schwächen anderen zum Vorwurf macht. Im günstigen Falle können zwei Jungfrauen ein Team sein, das sich blind versteht und gemeinsam alle Herausforderungen des Lebens meistert.

Team

Falls Aszendent und Mond nichts anderes aussagen, sind solche Partnerschaften nur selten besonders leidenschaftlich. Der Nachteil mag sein, daß ekstatische Höhepunkte rar sind oder gar nicht vorkommen. Dafür bleiben ihnen jedoch auch in aller Regel die Abgründe krankhafter Eifersucht und zermürbender Auseinandersetzungen erspart. Partnerschaften, die einige Jahre lang gutgegangen sind, haben mehr Aussichten als die Verbindungen anderer Tierkreiszeichen, auch auf Dauer bestehen zu können.

Jungfrau – Waage

Unterschiedliche Wesen

Jungfrauen und Waagen sind von ihrem Wesen her sehr unterschiedlich. Aber Gegensätze ziehen sich ja auch an, und mit ein wenig gutem Willen können sich die beiden Partner hervor-

ragend ergänzen, wenn erst einmal genügend
Verständnis füreinander aufgebaut wurde.

Verständnis

Waagen unterliegen wie die Widder häufig
dem Irrtum, sich der Jungfrau gegenüber überlegen zu fühlen, da diese ihnen ein wenig langsam und hausbacken vorkommen. Es braucht
eine Weile, bis sie merken, daß sie vielleicht
schneller und eleganter handeln, aber nicht
unbedingt effektiver. Wo die Waage spontan
reagiert, überlegt die Jungfrau erst und erreicht dadurch mit kleinerem Aufwand fast
immer mehr. Der Waage-Partner muß lernen,
für eine erfolgreiche Partnerschaft seinen Hang
zur Selbstgefälligkeit zu überwinden, um so
unnötige und belastende Auseinandersetzungen zu vermeiden. Insbesondere in der Anfangszeit hat die Jungfrau oft die Tendenz, die
Waage regelrecht anzuhimmeln, kommt sie ihr
doch viel weltgewandter, eleganter und moderner vor, als sie sich selbst sieht. Die Waage sollte nicht in diese Falle gehen und sich allzusehr
in ihrer Eitelkeit sonnen. Die Jungfrau merkt
schnell, daß auch hier nicht alles Gold ist, was
glänzt, und die Waage im Zweifel die schöne Il-
lusion einer tristen Realität vorzieht. Wunschdenken und Wirklichkeit können dann nahtlos
ineinander übergehen. Jungfrauen, die sich
hier zu lange blenden ließen, ziehen sich
manchmal enttäuscht und verbittert zurück.
Sie fühlen sich hintergangen und betrogen.
Schon aus diesem Grunde sollte der Waage-
Partner nicht allzu dick auftragen – es wird
ihm wesentlich mehr schaden als nützen. Die

Aufgaben

Waage wiederum ist gefordert, sich von der Ge-
nauigkeit und Liebe zum Detail der Jungfrau
nicht einschüchtern zu lassen. Waagen sind re-

gelrecht »harmoniesüchtig« und können Spannungen nur schwer ertragen. Der Jungfrau macht das wenig aus, zumindest nicht genug, als daß sie auch nur im Traum daran dächte, nachzugeben, wenn sie sich im Recht fühlt. Um des lieben Friedens willen wird hier fast immer die Waage nachgeben und die Jungfrau die Beziehung entsprechend dominieren, obwohl nach außen hin oft die Waage als der »stärkere« Partner auftritt.

Waagen sind Luftzeichen, sie möchten die Dinge möglichst mit leichter Hand angehen. Alles soll unkompliziert und vor allem nicht anstrengend sein. Das kommt der Jungfrau manchmal ein wenig oberflächlich vor. Zwar weiß sie die angenehmen Seiten des Lebens durchaus zu schätzen, aber sie weiß auch, daß die Götter vor den Erfolg den Schweiß gesetzt haben. Sie baut keine Luftschlösser, sie packt lieber an, um das Mögliche zu realisieren.

Chancen   Wenn beide fähig und willens sind, diese Klippen zu umschiffen, können sich hier Ästhetik und Sorgfalt, Eleganz und Gründlichkeit auf faszinierende Weise ergänzen. Der Weg zu einer tragfähigen Beziehung ist dabei nicht einfach. Doch ist dies gelungen, wird es kaum eine Herausforderung geben, der die beiden nicht gewachsen wären.

$$\text{♍} - \text{♏}$$

Jungfrau – Skorpion

Dies ist eine der interessantesten Verbindungen zwischen zwei Tierkreiszeichen. Jungfrau und Skorpion sind verschieden genug, um sich nicht in die Quere zu kommen, und einander doch so ähnlich, um hervorragend zusammen- *Ähnlichkeit* zupassen.

Die wenigen Jungfrau-Geborenen, die probieren, einen Skorpion herumzukommandieren, geben diesen zum Scheitern verurteilten Versuch sehr schnell wieder auf. Skorpione lassen sich von jedem Vorschriften machen – nur um sie vollständig zu ignorieren. Wenn es ein Tierkreiszeichen gibt, das gegen autoritäres Auftreten und Sturheit bei anderen immun ist, dann dieses. Jungfrauen halten selten etwas von raffinierten Manipulationen – was einer nicht freiwillig tut, soll er eben lassen. Das mag nicht unbedingt für das Berufsleben gelten, aber für ihren persönlichen Umgang.

Was Skorpione an einer Jungfrau fasziniert, ist der Charme der Nüchternheit. Sie sind es gewohnt, mit charmanten Lügen umzugehen, sie wissen, wie man sich Menschen entzieht, die einem Schuldgefühle machen wollen, und sie können sich gegen Erpressungen zur Wehr *Gegen-* setzen. Wenn einer jedoch entweder gerade- *seitige* heraus sagt, was er denkt und will, oder an- *Anziehung* sonsten einfach schweigt, sind sie erst einmal sprach- und anschließend wehrlos. Nicht umsonst spricht man hier von entwaffnender Offenheit. Viele Skorpione sind von dieser Charaktereigenschaft der Jungfrau so fasziniert, daß diese bereits ausreicht, um sich in sie zu verlieben. Die Jungfrau schätzt am Skorpion wiederum seine unglaubliche Willensstärke und sein Rückgrat und daß er sich durch keinen äußeren Druck beirren läßt. Für sie ist der Skorpion wie ein Adler unter lauter Hühnern. (»Fly with the eagle oder scratch with the chicken.« [Flieg mit dem Adler, oder scharre mit den Hühnern.]) Die Jungfrau bewundert die Fähigkeit des Skorpions, sich gesellschaftlichen Konventionen zu entziehen, und sie ist fasziniert von seinem Mut zum eigenen Stil. So verbindet diese so verschiedenen Charaktere schon zwei Dinge: die Abneigung gegen jede Form von Anpassung und Unterdrückung und der Mut, auch gegen äußeren Widerstand seinen eigenen Weg zu gehen.

Freiheiten   In Partnerschaften, die auf Dauer angelegt sein sollen, ist es selten ein Problem, daß sich beide genügend Freiheiten einräumen, dies ist für zwei so eigenständige Naturelle eine der leichtesten Übungen. Manche erfolgversprechende Partnerschaft ist allerdings schon daran gescheitert, daß der Skorpion zu eifersüchtig und zu besitzergreifend war. Zwar läßt sich die Jungfrau um der Liebe willen einiges bieten, aber alles hat eben auch seine Grenzen. Nimmt ihr ein machtbesessener Skorpion die Luft zum Atmen, bleibt ihr kein anderer Weg als der Rückzug. Obwohl der Skorpion nach außen hin meist als der stärkere Part der Beziehung auftritt, ist er es, der nach der Trennung leidet, während die Jungfrau schon längst mit diesem Kapitel ihres Lebens abgeschlossen hat.

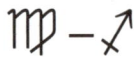

Jungfrau – Schütze

Diese beiden Tierkreiszeichen sind sich so fremd, daß man fast glauben könnte, sie kämen von verschiedenen Planeten. Dennoch

sind die Chancen für eine harmonische Partnerschaft nicht schlecht: Zum einen können
andere Horoskopfaktoren, insbesondere Aszendent und Mond, einen Ausgleich schaffen, *Ausgleich*
zum anderen kann Wesensfremdheit in günstigen Fällen das Interesse am anderen fördern.

Schützen sind Idealisten, sie weigern sich,
daran zu glauben, daß es nicht für jedes Problem eine friedliche und einvernehmliche Lösung gibt. Sie sind davon überzeugt, daß alles
nur eine Frage des guten Willens und der Toleranz ist. Diese Einstellung erscheint der Jungfrau ein wenig weltfremd, sie kann darin be-
stenfalls eine schöne Utopie sehen, von deren
Verwirklichung wir noch Lichtjahre entfernt
sind.

Was beide Zeichen miteinander verbindet, *Verbindung*
ist jedoch ihr tiefverwurzelter Gerechtigkeitssinn. Die Schützen sind nicht so unrealistisch,
zu glauben, daß es in unserer Welt keine Unterdrückung, keine Diskriminierung oder
keine Benachteiligung von Schwachen gäbe.
Zwar sind sie davon überzeugt, daß mit Auf-
klärung und Verhandlungen diese Probleme
langfristig gelöst werden können, doch kann
sich eine Jungfrau ihrer Sympathie sicher
sein, wenn sie die Rechte anderer verteidigt,
auch wenn der Schütze mit der Wahl der Mit-
tel nicht immer einverstanden ist.

Der Schütze hingegen kann von der Jungfrau ein wenig mehr praktischen Realitätssinn
erlernen, schließlich nützt der größte Opti-
mismus nichts, wenn jemand gerade damit beschäftigt ist, einem die Geldbörse zu klauen.

In Partnerschaften ist hier die größte Herausforderung gegenseitige Toleranz.

Schützen unterliegen häufig dem Irrtum, sich der Jungfrau gegenüber überlegen zu fühlen, da diese ihnen ein wenig langsam und hausbacken vorkommt. Es braucht eine Weile, bis sie merken, daß sie selbst vielleicht schneller handeln, aber nicht unbedingt erfolgreicher. Der Schütze-Partner muß lernen, für eine tragfähige Beziehung seinen Hang zur Selbstgefälligkeit zu überwinden, um unnötige und belastende Auseinandersetzungen zu vermeiden. Insbesondere in der Anfangszeit hat die Jungfrau oft die Tendenz, den Schützen regelrecht anzuhimmeln, kommt er ihr doch viel weltgewandter, eleganter und moderner vor, als sie sich selbst sieht. Die Jungfrau merkt allerdings sehr schnell den Hang des Schützen zur Übertreibung. Jungfrauen, die sich hier zu lange blenden ließen, ziehen sich manchmal enttäuscht und verbittert zurück.

Chancen　Wenn beide fähig und willens sind, diese Klippen zu umschiffen, können sich hier wie bei der Jungfrau-Zwillinge-Verbindung Pragmatik und geistige Beweglichkeit, Eleganz und Gründlichkeit auf faszinierende Weise ergänzen. Der Weg zu einer tragfähigen Beziehung ist dabei nicht einfach. Doch ist dies gelungen, können die beiden regelrecht Berge versetzen.

$$♍ - ♑$$

Jungfrau – Steinbock

Vielversprechende Verbindung　Die Verbindung dieser Tierkreiszeichen ist besonders vielversprechend. So gut wie immer werden sich beide auf Anhieb verstehen. Der Steinbock hat keine Probleme mit der manchmal ein wenig schüchternen und langsamen Art der Jungfrau. Dies wird von ihr instinktiv wahrgenommen, woraufhin sie sich offener äußert und mehr aus sich herausgeht, als sie das normalerweise tut. Sie fühlt sich in der Gesellschaft des Steinbocks wohl, zumal sich dieser aufrichtig für das, was sie zu erzählen hat, interessiert. Steinböcke sind einfach von dem praktischen Verstand, dem Einfühlungsvermögen und der Beobachtungsgabe der Jungfrau fasziniert. Die Jungfrau wiederum schätzt die Konsequenz, den Gerechtigkeitssinn und die Ausdauer des Steinbocks, ebenso seine Selbstdisziplin.

Harmonie

Umgekehrt wird sich der Steinbock gelegentlich mit der rein pragmatischen Lebenssicht der Jungfrau schwertun, die mit abstrakten Fragestellungen nur wenig anfangen kann. Da die Gemeinsamkeiten überwiegen, werden solche Persönlichkeitsunterschiede jedoch nur selten zu einem ernsthaften Problem werden.

Die zahlreichen Skrupel, das große Verantwortungsgefühl und die Angst, Fehler zu machen, kann für den Steinbock zu einer regelrechten Handlungsblockade fühlen. Hier kann ihm die praktische Ader der Jungfrau von unschätzbarem Nutzen sein: Mit sicherem Instinkt läßt sie sich nur von den Plänen des Steinbocks begeistern, von denen sie spürt, daß sie sich auch verwirklichen lassen. Und während der Steinbock noch hin und her überlegt, hat die Jungfrau bereits begonnen, seine Ideen in die Tat umzusetzen. In einer geschäftlichen Zusammenarbeit kann dies ausgesprochen nützlich sein. Aber auch in Liebesbeziehungen ist eine solche Konstellation außergewöhnlich erfolgversprechend. Dies gilt

Erfolg

in besonderem Maße für Paare, die auch beruflich zusammenarbeiten oder gemeinsam sozial und gesellschaftlich engagiert sind.

$$♍ - ♒$$

Jungfrau – Wassermann

Ergänzung

In den meisten Astrologiebüchern wird diese Verbindung als sehr problematisch angesehen und als hoffnungslos zum Scheitern verurteilt. Glücklicherweise ist dem mitnichten so. Denn beide Zeichen können sich unter bestimmten Voraussetzungen hervorragend ergänzen, auch wenn ihre Temperamente kaum unterschiedlicher sein könnten.

Der Wassermann mag zum voreiligen Handeln neigen, während die Jungfrau vielleicht allzu vorsichtig oder gar zögerlich an die Dinge herangeht. Doch können beide viel voneinander lernen: Die Jungfrau kann dem Wassermann vermitteln, wie man sein Leben möglichst effektiv organisiert und plant. Sie weiß, wie man sein Geld am besten anlegt, wie man sein Haus am besten in Schuß hält und welche Bank die besten Zinsen zahlt.

Aufgaben

Der Wassermann hingegen kann der Jungfrau ein Vorbild sein, wenn es darum geht, sich von den Schatten der Vergangenheit zu lösen und voller Energie einen Neuanfang zu wagen. Er kann zeigen, wie man intuitiv unerwartete Probleme meistert, denen die Jungfrau fast wie gelähmt gegenüberstände. Auch in persönlichen Auseinandersetzungen kann die Jungfrau vom Wassermann lernen. Ihr entspricht es, auf den Angriff einzugehen oder den Ort des Geschehens zu verlassen, wenn sich jemand über die Spielregeln des guten Benehmens einfach hinwegsetzt und sich ihr gegenüber beleidigend oder unverschämt verhält. Der Wassermann hätte den anderen bereits mit einer schnippischen Bemerkung der allgemeinen Lächerlichkeit preisgegeben, während die Jungfrau noch darüber nachsinnt, wie sie am besten sich und ihren Standpunkt verteidigt.

So unterschiedlich diese beiden Tierkreiszeichen auch sind, gemeinsam ist ihnen ihr Eigensinn und ihre Starrköpfigkeit. Außenstehende mögen sich kopfschüttelnd fragen, wie ein solches Paar es fertigbringt, selbst über Nebensächlichkeiten stundenlang erbittert zu debattieren, um dann endlich einen Kompromiß zu finden, der beiden recht gibt und keinen das Gesicht verlieren läßt.

So mancher wird es sich deswegen zweimal überlegen, bevor er mit einer Jungfrau-Wassermann-Verbindung in Urlaub fährt. Doch zum Glück lernen die meisten mit der Zeit den Klärungsbedarf bei Alltagsthemen deutlich einzuschränken – schließlich ist ja jede Diskussion irgendwann einmal bereits geführt worden, und nichts entnervt einen Wassermann mehr als endlose Wiederholungen. Der Jungfrau hingegen sind allzu lange Diskussionen an sich schon ein Greuel. Schließlich sind sie eine unnötige Energieverschwendung. Auf der anderen Seite können Jungfrau-Wassermann-Paare gerade wegen ihrer Verschiedenartigkeit soviel voneinander lernen, und das braucht eben seine Zeit und kann nicht ohne Reibereien gelingen.

Verschiedenartigkeit

In Freundschaften und Geschäftsbeziehungen kommt die Motivation, die schwierige

Anfangsphase meistern zu wollen, tatsächlich häufig aus der bewußten oder unbewußten Einsicht, daß sich die »Investition« für beide Seiten früher oder später lohnen wird. In Liebesbeziehungen ist es oft eine außergewöhnlich starke erotische Anziehung, welche die großen Temperamentsunterschiede vergessen läßt und vielen Auseinandersetzungen die Spitze nimmt. Verbindungen, die diese Phase heil überstehen, haben gelernt, den anderen so zu nehmen, wie er ist, und die völlig unterschiedliche Persönlichkeit des Partners als Bereicherung und nicht als Manko aufzufassen. Dort, wo sie ein gemeinsames Lebenskonzept aufgebaut haben, ziehen sie an einem Strang, und kaum jemand hat noch eine Chance, einen Keil zwischen die beiden zu treiben; dafür haben sie sich die gemeinsame Basis zu hart erarbeitet. Bei Themen hingegen, wo die Persönlichkeits- und Temperamentsunterschiede unüberbrückbar sind, läßt man sich gegenseitig so viel Freiraum, daß keiner den anderen behindert.

Starke erotische Anziehung

Jungfrau-Wassermann-Verbindungen sind also keine Partnerschaften, die so ohne weiteres auf Anhieb problemlos »funktionieren«. Dafür sind sie für die Persönlichkeitsentwicklung der zwei Beteiligten um so nützlicher. Und ohne Herausforderungen gibt es nun mal kein seelisches Wachstum.

Herausforderung

$$\text{♍} - \text{♓}$$

Jungfrau – Fische

Wenn zwei Tierkreiszeichen wie füreinander geschaffen sind, dann diese. Die Jungfrau

als disziplinierter Kopf-
mensch sehnt sich im
Grunde ihres Herzens
nach einem hingebungs-
vollen, gefühlsbetonten
und ein wenig irrationa-
len Partner. Der Fisch
wünscht sich ein zuver-
lässiges Gegenüber, das
den Herausforderungen
des Alltags entschlos-
sen entgegentritt und
ihm ein wenig Halt in
der Brandung des Le-
bens gibt. Beide glau-
ben fest daran, daß die
wahre Liebe alle Hin-
dernisse überwindet.

Die LIEBENDEN

Und für diese Konstel-
lation ist das auch be-
stimmt richtig. Mag sein,
daß ihre Freunde und Bekannten über die beiden nur ungläubig den Kopf schütteln und sich
fragen, was zwei so unterschiedliche Menschen
nur aneinander finden können, der eine nüchtern und sachlich, der andere irrational und
verträumt. Doch gilt für die beiden das Sprichwort »Gegensätze ziehen sich an« in uneinge-   *Gegensätze*
schränktem Maße. Sie passen tatsächlich zusammen wie der Schlüssel und das Schloß. So
nimmt es auch nicht wunder, daß hier die
Liebe auf den ersten Blick öfter vorkommt als
bei anderen Tierkreiszeichen-Verbindungen.
Man kann sogar sagen, daß sich solche Paare
entweder auf Anhieb hervorragend verstehen
oder gar nicht. Zwar mag es aus verschiedenen

Gründen eine Weile dauern, bis die beiden endgültig zueinanderfinden, doch ist die Entscheidung in Wahrheit schon beim ersten Zusammentreffen gefallen.

Leidenschaft

Echte Partnerschaften zwischen diesen Zeichen sind so gut wie immer ausgesprochen leidenschaftlich. Dies schließt natürlich Auseinandersetzungen, Streit und Eifersucht mit ein. Doch gefährdet das die Partnerschaft keineswegs, vielmehr intensiviert es die Gefühle füreinander noch.

Am besten verstehen sich die beiden, wenn sie miteinander allein sind. Nur selten wird sich der Freundeskreis des Fische-Partners problemlos mit dem der Jungfrau verstehen und umgekehrt, dafür sind die beiden – aus der Sicht Außenstehender – einfach zu verschieden. Doch das ist weiter kein Problem, da sie sowieso ihre gemeinsame Zeit so intensiv wie möglich nutzen möchten, und da wären Dritte nur störend.

Freundeskreis

Im Laufe der Jahre schafft sich das Paar gemeinsam einen neuen Freundeskreis, doch ist es für eine harmonische Partnerschaft auch wichtig, daß keiner der beiden seine alten Bekanntschaften aufgibt. Das verhindert, daß sich die zwei zu sehr aufeinander fixieren. Auf diese Weise kann eine Beziehung noch nach vielen Jahren so intensiv und temperamentvoll wie am Anfang sein.

Was sonst noch zur Jungfrau paßt

In diesem Kapitel sind Entsprechungen des Jungfrau-Prinzips – sogenannte Analogien – zusammengestellt. Darunter versteht man in diesem Zusammenhang Ähnlichkeiten und Verwandtschaften, die sich einem Tierkreiszeichen zuordnen lassen, ohne daß sie ursächlich, also kausal, miteinander verbunden wären.

Wie können diese Analogien praktisch genutzt werden? Wenn Sie selbst eine Jungfrau sind und die positiven Eigenschaften Ihres Tierkreiszeichens fördern und betonen wollen, können Sie unter den nachfolgend aufgeführten Entsprechungen diejenigen aussuchen, die Ihnen besonders zusagen, und in Ihr Leben einbeziehen.

Entsprechungen

So können Sie zum Beispiel bevorzugt Kleidung in den Farben tragen, die Ihrem Tierkreiszeichen entsprechen. Sie können das Essen mit Gewürzen abstimmen, in Ihren Garten die Pflanzen setzen, an Orte in den Urlaub fahren, die Hobbys oder Berufe wählen, die zu Ihrem Tierkreiszeichen passen, und so weiter. Obwohl es sich hier nur um eine allgemeine Typologie handelt, werden Sie bald erstaunliche Wirkungen feststellen: Sie werden immer *Selbst-* mehr Sie selbst und entwickeln ein immer ge- *findung* naueres Gespür dafür, was zu Ihnen paßt, was Ihnen guttut und was Sie eher meiden sollten. Ihre Gesundheit und Ihr seelisches Gleichgewicht werden davon profitieren.

Wenn Sie eine Jungfrau kennen und schätzen, kann Ihnen diese Liste zum Beispiel bei der Suche nach einem passenden Geschenk helfen. Wenn Ihr Kind eine Jungfrau ist, können Sie hier Anregungen für den passenden *Sport* Sportverein finden und so fort. Der kreativen Phantasie sind hier kaum Grenzen gesetzt.

Farben: gedeckte Farben; Hellbraun, Sand, Beige, Lindgrün.
Geruch: würzig; der Geruch von Feldern und Heu, Lavendel.
Geschmack: differenzierter Geschmack, geschmackliche Abstufungen und Nuancen (zum Beispiel in der Abfolge von Speisen).
Signatur (Form und Gestalt): detailliert, ziseliert, mit vielen Einzelheiten und Abstufungen, zergliedert, differenziert; sorgfältige Ausführung; unauffällig, zurückhaltend.
Pflanzen allgemein: alle Nutzpflanzen, Gräser und Getreide; Grünpflanzen mit unscheinba-

ren, kleinen Blüten, die eher langsam wachsen und stark verzweigt sind.

Bäume, Sträucher: Eberesche, Ginster.

Gemüse, Obst: Getreide; Bohnen, Erbsen; Mirabellen, Brombeeren.

Blumen: Astern, Nelken, Heidekraut; Ähren.   *Blumen*

Gewürze: Kümmel, Gewürznelke; Fenchel.

Heilpflanzen: Kümmel, Fenchel, Dill, Schöllkraut, Haselstaude, Fünffingerkraut, Pimpernelle, Gelbwurz, Kreuzkümmel.

Tiere: gelehrige, anpassungsfähige und arbeitsame Tiere; Ameisen, Käfer; Maultiere, Schlittenhund, Zugpferde, Gans, Schäferhund, Drossel.

Materialien: Sand; Metallegierungen.

Mineralien, Metalle: Bernstein, Topas, Rauchquarz, grüner Achat, Jaspis; Messing, Zinn (Metallegierungen).

Landschaften: Getreidefelder, Schrebergärten, Nutzflächen; allgemeine Orte wie Schulen, Werkstätten und Märkte.

Berufe: alle Berufe, die die Möglichkeit bieten,   *Berufe*
klares Denken, Unterscheidungsvermögen und einen Sinn für geordnete Strukturen einzusetzen; Berufe, die ein hohes Maß an Spezialisierung erfordern; Berufe, für die eine genaue Beobachtungsgabe und die Fähigkeit, Schwachstellen zu entdecken, nötig sind, die praktische Planung erfordern und die Möglichkeit bieten, Ordnung zu schaffen; Berufe, die das Gefühl vermitteln, daß man gebraucht wird und einen sinnvollen Beitrag leistet; pädagogische Berufe (Lehrer, Dozent); Naturwissenschaftler, Mediziner, Chemiker, Apotheker, Laborant; Ingenieur; Vermessungstechniker; Statistiker, Archivar, Buchhalter, Steuerprüfer, Wirtschaftsprüfer, Finanzbeamter; Jurist

(besonders Verwaltungsrecht); Restaurator; Schriftsetzer; Kritiker; »Präzisionsberufe« (Uhrmacher, Optiker, Monteur, Feinmechaniker, Insrumentenbauer, technischer Zeichner); Büroangestellter; Beamter; Schneider, Gärtner (besonders Ziergarten); Krankenschwester, Kindergärtnerin, Hotelangestellte; Berufe in Fürsorge- und Registraturstellen.

Hobbys   *Hobbys, Sportarten:* Briefmarkensammeln, Heimwerken, Schneidern, Gartenarbeit, Restaurieren; Sportarten, die als gesund angesehen werden oder pädagogischen Wert haben (Skilanglauf, Spazierengehen, Jogging, Gymnastik, Dressurreiten).

Verkehrsmittel: Nutzfahrzeuge, Traktor, Mähdrescher, Lieferwagen; sparsame Energieverbraucher (Diesel- und Solarfahrzeuge).

Wohnstil: eher sachlich oder zweckgebunden; Einzelstücke, (selbstrestaurierte) Antiquitäten.

Wochentag: Mittwoch (Tag der Mitte, französisch *mercredi* [Merkurtag; Merkur, der Mittler und Bote]).

Gesellschaftsform: Demokratie; bürokratische Staatsformen, Beamtenstaat, Gesellschaftsformen mit klar festgelegten hierarchischen Strukturen, die Sicherheit bieten (jeder weiß, wo er steht); Kalvinismus.

Entsprechungen auf der Ebene des menschlichen Körpers: Darm, Bauchspeicheldrüse (exkretorische Funktion [Aufnahme und Verwertung der Nahrung]); Körperentgiftung.

Krankheiten allgemein: Störungen in der Nahrungsaufnahme und -verwertung, Durchfälle; Enzymmangel.

Zahlen: die 6 und ihre Vielfachen sowie Zahlen, die mit der Ziffer 6 enden.

Ein typisches Jungfrau-Märchen:
Fin M'Coul und Cucullin

In Irland lebte einmal ein Riese, der hieß Cucullin, und er war der allerstärkste von allen, die es je dort gab. Wenn er wollte, brauchte es nur einen einzigen Faustschlag, und aus einem Donnerkeil wurde ein platter Pfannkuchen, den er in seine Hosentasche steckte und herumtrug, um die anderen Riesen zu erschrecken. Und das gelang ihm außerordentlich gut. Alle versuchten, ihm aus dem Weg zu gehen, doch er fand jeden, den er finden wollte, und prügelte ihn, bis ihm Hören und Sehen verging.

Nur einen Riesen hatte Cucullin noch nicht verprügeln können, und das war Fin M'Coul. Das lag vor allem daran, daß Fin sehr darauf achtete, daß Cucullin ihn nicht zu Gesicht bekam. Er fürchtete sich nämlich ziemlich vor Cucullin und hauste deshalb hoch oben auf einem Felsen, von dem aus er das ganze Land überschauen konnte. Sobald er Cucullin auch nur von fern sah, machte sich Fin davon und versteckte sich.

Doch trotz aller Vorsicht erreichte Fin nur einen Aufschub, denn Cucullin hatte sich nun einmal geschworen, nicht zu ruhen, bis er Fin gefunden hatte. Auch Fin wußte, daß er Cucullin letzten Endes nicht entgehen konnte. Wenn er an seinem Daumen lutschte, konnte er alles vorhersehen, und das tat er eines Tages.

Während er vor seinem Haus auf der Spitze des Berges saß, steckte er ganz zufällig den Daumen in den Mund. Und da sah er Cucullin herankommen! Zitternd stürmte er ins Haus zu seiner Frau Oona.

»Cucullin ist auf dem Weg hierher!« rief er entsetzt. »Und mein Daumen sagt mir, daß ich ihm diesmal nicht entkommen werde.«

»Du und dein Daumen!« meinte Oona seelenruhig. »Wann wird er denn hiersein?«

Fin lutschte wieder an seinem Daumen. »Morgen um zwei«, sagte er. »Und weißt du, was er vorhat? Er will mich genauso platt wie seinen Donnerkeil schlagen und in der Tasche herumtragen.«

»Oh, das hört sich nicht gut an!« sagte Oona, aber sie wirkte nicht im mindesten aufgeregt. »Fin, mein Liebling, überlaß alles ganz einfach mir. Habe ich dich nicht bisher aus jeder Patsche herausgeholt, in die du geraten bist?«

»Das hast du!« sagte Fin erleichtert und hörte sofort auf zu zittern.

Oona machte sich nun daran, alles für Cucullins Ankunft vorzubereiten. Sie besuchte ihre Nachbarn auf den nahegelegenen Bergen und bat jeden von ihnen, ihr doch einen Bratrost zu leihen. Alle taten ihr gern einen Gefallen, denn Oona war überall beliebt. Bald hatte sie einundzwanzig Bratroste beisammen und kehrte wieder zu ihrem Haus zurück. Sie begann, vierundzwanzig große Kuchen zu backen. In einundzwanzig dieser Kuchen tat sie die einundzwanzig Bratroste. Dann stellte sie die Kuchen ordentlich nebeneinander in ein Regal, damit sie genau wußte, in welchem Kuchen ein Bratrost war und in welchem nicht.

Am nächsten Morgen blickte sie immer wieder zur Tür hinaus, damit sie Cucullins Ankunft auch ja nicht verpaßte – und tatsächlich, gegen zwei Uhr sah sie ihn von ferne heranmarschieren. Noch sah Cucullin ganz klein aus, doch er wurde im Handumdrehen größer und größer, so schnell kam er gelaufen.

Oona ging ins Haus und sagte zu Fin: »Zieh dieses Nachthemd und das Rüschenhäubchen an!«

Besorgt tat Fin wie ihm geheißen. Dann holte sie eine riesengroße Wiege und befahl ihm, sich dort hineinzulegen.

»Du mußt nun so tun, als wärst du dein eigenes Kind«, sagte sie und deckte ihn bis zur Nasenspitze zu. »Bleib still liegen und sag kein Wort. Überlaß alles mir. Lutsch an deinem Daumen, damit du mir sagen kannst, ob es irgendwas Besonderes gibt, was ich tun muß.«

Schon wollte sie hinausgehen, da kam ihr etwas in den Sinn. »Wo hat dieser Kerl eigentlich seine Stärke?«

Das war nun eine gute Frage. Fin lutschte schnell an seinem Daumen und sagte dann: »Sie steckt im Mittelfinger seiner rechten Hand. Wenn ihm dieser Finger fehlt, hat er überhaupt keine Kraft mehr.«

»Gut«, sagte Oona. »Sei jetzt ganz still. Ich glaube nämlich, er steht schon vor der Tür.«

Fin schloß ergeben die Augen und zog die Decke noch ein Stückchen weiter hinauf. Oona öffnete die Tür, und da stand Cucullin.

»Wohnt hier Fin M'Coul?« fragte er.

»Ja, der wohnt hier«, sagte Oona freundlich. »Seid willkommen und tretet ein.«

Cucullin trat ein und setzte sich mit Oona an den Tisch, während er sich umschaute. Als er Fin sah, sagte er: »Ihr habt ein prächtiges Kind da in der Wiege, Mrs. M'Coul. Ist sein Vater zu Hause?«

»Leider nicht«, erwiderte Oona. »Dieser dumme Kerl rannte vor einigen Stunden den Berg hinunter, als ob er von zwanzig rasenden Derwischen besessen wäre. Irgend jemand hat ihm von einem Riesen erzählt, der Cucullin heißen soll und der angeblich hinter ihm her ist. Er hat sich sofort auf den Weg gemacht, um ihm Manieren beizubringen. Ich kann nur beten, daß mein Fin ihn nicht findet, denn sonst macht er aus diesem armen Cucullin Hackfleisch.«

»Ich bin Cucullin, Mrs. M'Coul. Ich suche Fin seit mehr als einem Jahr. Er geht mir zwar immer aus dem Weg, aber ich habe mir geschworen, nicht zu ruhen, bis ich ihn endlich zu fassen kriege!«

»Was, Ihr!« sagte Oona voller Verachtung. »Ihr wollt Fin verprügeln? Habt Ihr ihn denn schon jemals zu Gesicht bekommen?«

»Wie hätte ich das gekonnt, Mrs. M'Coul?« gab Cucullin zur Antwort. »Er gibt mir ja nie eine Gelegenheit dazu.«

»Ach so, er gibt Euch nie die Gelegenheit?« sagte Oona. »Ich kann Euch nur sagen, Fin ist schrecklich wütend und droht ständig, daß er Hackfleisch aus Euch machen wird. Ich glaube, daß Euer letztes Stündlein geschlagen hat, wenn Ihr ihn trefft. Ich rate Euch gut, geht ihm aus dem Weg. Wie der Wind den Staub herumwirbelt, so wird Fin mit Euch umspringen. Da wir gerade vom Wind reden, seid doch so freundlich und dreht das Haus ein wenig herum, damit der Wind nicht so übel an der Tür rüttelt.«

»Was soll ich? Das Haus herumdrehen?« fragte Cucullin verwirrt.

»Ja, seid so gut«, sagte Oona, als handle es sich um eine Kleinigkeit. »Es ist so windig hier auf dem Berg, und Fin macht das auch immer, wenn er zu Hause ist.«

»Gut«, meinte Cucullin und ging nach draußen. Er ließ dreimal seinen rechten Mittelfinger knacken, dann hob er das Haus hoch und drehte es um.

Fin bekam einen Riesenschreck. Er zog die Decke bis über die Augen und zitterte so sehr, daß die Wiege zu schaukeln begann. Oona aber bedankte sich ganz freundlich bei Cucullin und fragte, ob er ihr vielleicht noch eine Gefälligkeit erweisen könne.

»Es ist so heißes Wetter, könntet Ihr mir diesen Krug mit Wasser füllen, ich wäre Euch sehr dankbar.«

»Wo gibt es denn hier Wasser?« fragte Cucullin.

»Kommt mit mir zum Fenster, dann zeige ich es Euch«, antwortete Oona. »Seht Ihr den schwarzen Felsen dort hinter dem Berg? Unter diesem Felsen gibt es eine Quelle. Gerade heute morgen wollte Fin ihn auseinanderreißen und das Wasser herauslassen. Dann ist er aber so in Wut geraten wegen Euch, daß er es völlig vergessen hat. Wenn Ihr so freundlich sein wollt und Wasser holt, dann werde ich Euch Fleisch kochen. Ihr braucht schon etwas Gutes zu essen, damit Ihr bei Kräften bleibt, sonst fürchte ich um Euer Leben, wenn Fin Euch zu fassen bekommt.«

Cucullin nahm den Krug und machte sich auf den Weg zu dem Felsen, unter dem Wasser sein sollte. Was er von Fin gehört hatte, gefiel ihm gar nicht. Als er dort ankam, blieb er eine Weile reglos stehen und starrte den massigen schwarzen Felsen an, der genauso groß war wie er selbst. Dann knackte er dreimal mit seinem rechten Mittelfinger, packte den Felsen und riß ihn in der Mitte auseinander. Sogar Fin in seiner Wiege konnte das Getöse des Wasserfalls hören, der sich in die so entstandene Schlucht ergoß.

»O weh, Oona«, flüsterte er. »Ich glaube, mein letztes Stündlein ist gekommen.«

»Sei leise, und rede keinen Unsinn!« sagte Oona.

Als Cucullin mit dem gefüllten Krug zurückkehrte, lächelte sie ihn freundlich an und sagte: »Vielen Dank für Eure Mühe. Nun setzt Euch und versucht von dem Kuchen, den ich frisch gebacken habe. Inzwischen will ich das Fleisch kochen.« Sie stellte ihm ein Dutzend der Kuchen mit den eingebackenen Bratrosten auf den Tisch.

Cucullin war nun doch sehr hungrig geworden. Gierig biß er in den ersten Kuchen, doch gleich stieß er einen Schrei aus und spuckte alles auf den Boden.

»Was ist denn das für ein Kuchen?« brüllte er. »Zwei meiner besten Zähne sind mir herausgebrochen!«

»Das ist Fins Lieblingskuchen«, sagte Oona. »Er mag keinen anderen. Auch unser Kind in der Wiege ißt nur diesen. Aber vielleicht ist er wirklich ein bißchen zu hart für einen schwachen kleinen Kerl wie Euch. Probiert mal von diesem, ich glaube, der ist weicher.«

Sie hielt ihm einen weiteren Kuchen hin, so daß ihm der Duft in die Nase stieg. Cucullin war immer ausgesprochen hungrig, wenn er seinen Mittelfinger hatte knacken lassen. Also biß er wieder kräftig hinein, und wieder stieß er einen Schrei aus und spuckte zusammen mit dem Kuchen zwei weitere Zähne aus.

»Zum Teufel mit Euren Kuchen«, brüllte er wütend. »Nehmt sie weg, sonst verliere ich noch alle meine Zähne, die ich im Mund habe!«

»Meine Güte«, sagte Oona. Und schüttelte den Kopf. »Wenn Euch der Kuchen nicht schmeckt, könnt Ihr das doch auch freundlich sagen. Ich kann schließlich nichts dafür, wenn Eure Zähne so schlecht sind. Jetzt habt Ihr das Kind in der Wiege aufgeweckt, und gleich wird es losschreien.«

Fin lutschte am Daumen und wußte sogleich, was Oona von ihm wollte. Er begann zu schreien, so brüllend laut wie noch nie zuvor in seinem Leben.

»Potzblitz!« schrie Cucullin erschrocken und sprang von seinem Stuhl auf. »Woher hat dieser Bursche in so jungen Jahren schon ein solch dröhnendes Organ? Hat sein Vater das etwa auch?«

Oona lächelte ihn ganz harmlos an und meinte: »Fin? Wenn der einen Schrei ausstößt, kann man es von hier bis nach Spanien hören.«

Cucullin wurde es allmählich seltsam zumute, und er überlegte, daß es möglicherweise ein Fehler gewesen war, nach Fin zu suchen. Er wußte nun nicht so recht, was er tun sollte, und schaute zu der Wiege hinüber. Fin lutschte gerade wieder am Daumen.

»Gleich wird er nach Kuchen plärren, ich kenne das schon«, sagte Oona. »Und ich dachte, ich hätte mal Ruhe vor ihm.«

Und schon brüllte Fin los: »Mama, Mama, Kuchen, Kuchen!«

»Da hast du einen, aber nun hör mit dem Geschrei auf«, sagte Oona und gab ihm einen der drei Kuchen, in die kein Bratrost eingebacken war.

»Das kann er niemals essen!« sagte Cucullin.

Aber was war das? Fin verschlang den Kuchen im Handumdrehen. Gleich verlangte er einen weiteren. Auch den aß er flugs auf und schrie nach mehr. Als er den dritten Kuchen fast aufgegessen hatte, wurde es Cucullin zuviel: »Ich muß jetzt gehen, Mrs. M'Coul«, sagte er. »Falls der Sohn nach seinem Vater gerät, zweifle ich doch sehr daran, ob ich es mit ihm aufnehmen kann.«

»Wollt Ihr nicht noch das Kind ansehen, bevor Ihr geht«, sagte Oona, ganz stolze Mutter. Sie nahm Fin die Decke weg, der dalag und am Daumen lutschte, damit er immer genau wußte, was Oona von ihm wollte. Mit der anderen Faust und seinen beiden dicken Beinen strampelte er wie wild.

»Du meine Güte, der hat ja Riesengliedmaßen«, sagte Cucullin erschrocken.

»Meint Ihr wirklich?« sagte Oona und setzte ein beunruhigtes Gesicht auf. »Ich fürchte, daß er kein so toller Kerl wird wie sein Vater. In diesem Alter hat Fin schon draußen auf den Weiden mit den wilden Stieren gekämpft.«

»Ach, tatsächlich?« sagte Cucullin und wünschte sich weit, weit fort. »Das Kind muß sehr kräftige Zähne haben, wenn es einen solchen Kuchen kauen kann.«

»Wollt Ihr selbst mal fühlen, wie gut sie sind?« sagte Oona und sah wieder ganz stolz drein.

Fin hörte mit dem Daumenlutschen auf, und Cucullin steckte die rechte Hand in seinen Mund. Kaum hatte er das getan, stieß er einen Schrei aus, der auf allen Bergen rundherum zu hören war. Im nächsten Augenblick begann er kläglich zu wimmern. Fin hatte ihm den rechten Mittelfinger abgebissen, und nun hatte Cucullin überhaupt keine Kraft mehr.

Oona begann zu lachen, und Fin sprang aus der Wiege. Cucullin wimmerte vor sich hin und wurde kleiner und immer kleiner. Schließlich war nur noch ein winziges Kerlchen von ihm übrig, das stolperte aus dem Haus und den Berg hinunter.

Niemand weiß, wohin er geflohen ist, und niemals mehr wurde er in dieser Gegend gesehen.

Aus: Ruth Manning-Sanders: *Märchen und Sagen aus aller Welt*. Rastatt 1980.
    Das Märchen ist gekürzt und umgeschrieben.

Die kluge Oona ist eine typische Jungfrau. Sie läßt sich nicht ins Bockshorn jagen wie ihr Mann, sondern überlegt ruhig und besonnen, was sich am besten aus der Lage machen läßt. Sie weiß: Jede herkömmliche Demonstration von Stärke wird nur schaden, und das Problem kann nicht direkt angegangen werden. Also verläßt sie sich darauf, Cucullin freundlich-gewitzt in die Richtung zu beeinflussen, die nötig ist, um Fin davor zu bewahren, »ein platter Pfannkuchen in Cucullins Tasche« zu werden. Mühelos erkennt sie des Aggressors wunden Punkt und bringt geschickt sein Selbstvertrauen ins Wanken. Eigentlich hat sie gar nicht viel getan – ein bißchen nachgedacht, ein paar Kuchen gebacken, (Jungfrauen sind zwar fleißig, aber auch ökonomisch mit ihrer Energie) –, und doch war das Ergebnis das denkbar beste!

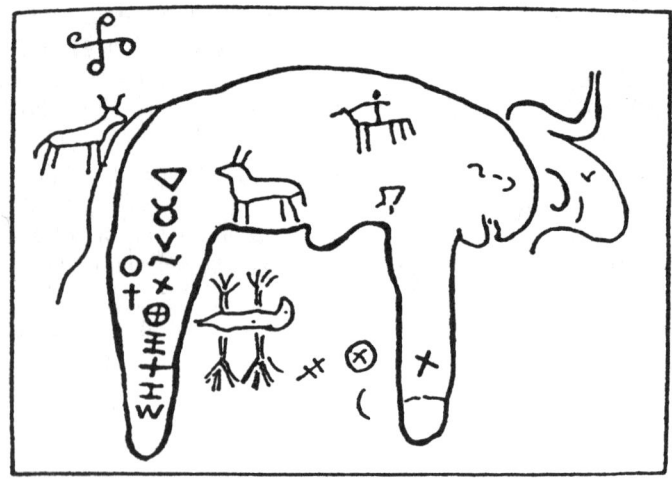

*Die älteste bekannte Darstellung der Tierkreiszeichen
(ca. 10 000 v. Chr.).*
*Aus: L. Frobenius, H. Obermaier: Hadschra Maktouba (Kurt Wolf-
Verlag, München).*

Anhang

Von wann bis wann ist man eine Jungfrau?

Beginn des Jungfrau-Zeichens

23.08.1920 um 12:21; 23.08.1921 um 18:15;
24.08.1922 um 00:04; 24.08.1923 um 05:52;
23.08.1924 um 11:48; 23.08.1925 um 17:33;
23.08.1926 um 23:14; 24.08.1927 um 05:06;
23.08.1928 um 10:53; 23.08.1929 um 16:41;
23.08.1930 um 22:26; 24.08.1931 um 04:10;
23.08.1932 um 10:06; 23.08.1933 um 15:52;
23.08.1934 um 21:32; 24.08.1935 um 03:24;
23.08.1936 um 09:11; 23.08.1937 um 14:58;
23.08.1938 um 20:46; 24.08.1939 um 02:31;
23.08.1940 um 08:29; 23.08.1941 um 14:17;
23.08.1942 um 19:58; 24.08.1943 um 01:55;
23.08.1944 um 07:47; 23.08.1945 um 13:35;
23.08.1946 um 19:26; 24.08.1947 um 01:09;
23.08.1948 um 07:03; 23.08.1949 um 12:48;
23.08.1950 um 18:23; 24.08.1951 um 00:16;
23.08.1952 um 06:03; 23.08.1953 um 11:45;
23.08.1954 um 17:36; 23.08.1955 um 23:19;
23.08.1956 um 05:15; 23.08.1957 um 11:08;
23.08.1958 um 16:46; 23.08.1959 um 22:44;
23.08.1960 um 04:34; 23.08.1961 um 10:19;
23.08.1962 um 16:13; 23.08.1963 um 21:58;
23.08.1964 um 03:51; 23.08.1965 um 09:43;
23.08.1966 um 15:18; 23.08.1967 um 21:13;
23.08.1968 um 03:03; 23.08.1969 um 08:44;
23.08.1970 um 14:34; 23.08.1971 um 20:15;
23.08.1972 um 02:03; 23.08.1973 um 07:54;
23.08.1974 um 13:29; 23.08.1975 um 19:24;
23.08.1976 um 01:18; 23.08.1977 um 07:00;

23.08.1978 um 12:57; 23.08.1979 um 18:47;
23.08.1980 um 00:41; 23.08.1981 um 06:38;
23.08.1982 um 12:15; 23.08.1983 um 18:08;
23.08.1984 um 00:00; 23.08.1985 um 05:36;
23.08.1986 um 11:26; 23.08.1987 um 17:10;
22.08.1988 um 22:54; 23.08.1989 um 04:46;
23.08.1990 um 10:21; 23.08.1991 um 16:13;
22.08.1992 um 22:10; 23.08.1993 um 03:50;
23.08.1994 um 09:44; 23.08.1995 um 15:35;
22.08.1996 um 21:23; 23.08.1997 um 03:19;
23.08.1998 um 08:59; 23.08.1999 um 14:51;
22.08.2000 um 20:49; 23.08.2001 um 02:27;
23.08.2002 um 08:17; 23.08.2003 um 14:08;
22.08.2004 um 19:53; 23.08.2005 um 01:46;
23.08.2006 um 07:23; 23.08.2007 um 13:08;
22.08.2008 um 19:02; 23.08.2009 um 00:39;
23.08.2010 um 06:27; 23.08.2011 um 12:21.
Alle Zeitangaben in mitteleuropäischer Zeit.

Ende des Jungfrau-Zeichens

23.09.1920 um 09:28; 23.09.1921 um 15:20;
23.09.1922 um 21:10; 24.09.1923 um 03:04;
23.09.1924 um 08:58; 23.09.1925 um 14:44;
23.09.1926 um 20:27; 24.09.1927 um 02:17;
23.09.1928 um 08:06; 23.09.1929 um 13:52;
23.09.1930 um 19:36; 24.09.1931 um 01:23;
23.09.1932 um 07:16; 23.09.1933 um 13:01;
23.09.1934 um 18:45; 24.09.1935 um 00:38;
23.09.1936 um 06:26; 23.09.1937 um 12:13;
23.09.1938 um 18:00; 23.09.1939 um 23:49;
23.09.1940 um 05:46; 23.09.1941 um 11:33;
23.09.1942 um 17:17; 23.09.1943 um 23:12;
23.09.1944 um 05:02; 23.09.1945 um 10:50;
23.09.1946 um 16:41; 23.09.1947 um 22:29;
23.09.1948 um 04:22; 23.09.1949 um 10:06;
23.09.1950 um 15:44; 23.09.1951 um 21:37;

23.09.1952 um 03:24; 23.09.1953 um 09:06;
23.09.1954 um 14:55; 23.09.1955 um 20:41;
23.09.1956 um 02:35; 23.09.1957 um 08:26;
23.09.1958 um 14:09; 23.09.1959 um 20:09;
23.09.1960 um 01:59; 23.09.1961 um 07:43;
23.09.1962 um 13:55; 23.09.1963 um 19:24;
23.09.1964 um 01:17; 23.09.1965 um 07:06;
23.09.1966 um 12:43; 23.09.1967 um 18:38;
23.09.1968 um 00:26; 23.09.1969 um 06:07;
23.09.1970 um 11:59; 23.09.1971 um 17:45;
22.09.1972 um 23:33; 23.09.1973 um 05:21;
23.09.1974 um 10:59; 23.09.1975 um 16:55;
22.09.1976 um 22:48; 23.09.1977 um 04:29;
23.09.1978 um 10:26; 23.09.1979 um 16:17;
22.09.1980 um 22:09; 23.09.1981 um 04:05;
23.09.1982 um 09:46; 23.09.1983 um 15:42;
22.09.1984 um 21:33; 23.09.1985 um 03:08;
23.09.1986 um 08:59; 23.09.1987 um 14:46;
22.09.1988 um 20:29; 23.09.1989 um 02:20;
23.09.1990 um 07:56; 23.09.1991 um 13:48;
22.09.1992 um 19:43; 23.09.1993 um 01:23;
23.09.1994 um 07:19; 23.09.1995 um 13:13;
22.09.1996 um 19:00; 23.09.1997 um 00;56;
23.09.1998 um 06:38; 23.09.1999 um 12:32;
22.09.2000 um 18:28; 23.09.2001 um 00:05;
23.09.2002 um 05:56; 23.09.2003 um 11:47;
22.09.2004 um 17:30; 22.09.2005 um 23:23;
23.09.2006 um 05:04; 23.09.2007 um 10:51;
22.09.2008 um 16:45; 22.09.2009 um 22:19;
23.09.2010 um 04:09; 23.09.2011 um 10:05.
Alle Zeitangaben in mitteleuropäischer Zeit.

Lesebeispiel:

»23.08.1998 um 08:59«. Das heißt, am 23.08.
1998 tritt die Sonne um 08:59 Uhr in das Tierkreiszeichen Jungfrau. Wer nach 08:59 Uhr ge-

boren wird, ist also bereits eine Jungfrau, wer vor dieser Zeit zur Welt kommt, noch ein Löwe.

Die Bestimmung des Mondzeichens

Die einfache Anwendung der Mond-Tabelle

1. Suchen Sie zuerst die Spalte mit Ihrem *Geburtstag.*
2. Suchen Sie die Zeile, in der sich das *Geburtsjahr* befindet.
3. Lesen Sie das Mondzeichen ab.
4. Steht hinter der gesuchten Jahreszahl in Klammern eine Uhrzeit, kann sich der Mond statt im angegebenen Zeichen auch im vorhergehenden befinden. Also statt im Widder auch in den Fischen, statt im Stier auch im Widder und so weiter.
5. Lesen Sie die Texte zu beiden Mondzeichen, um herauszufinden, welches besser auf Sie zutrifft.

Genaue Bestimmung des Mondzeichens

1. Suchen Sie zuerst die Spalte, in der Ihr Geburtstag steht.
2. Wählen Sie die Zeile, in welcher der Jahrgang steht.
3. Ist Ihr Jahrgang nicht dabei, versuchen Sie Ihr Glück in der folgenden Spalte Ihres Geburtsdatums.
4. Da der Mond auch innerhalb eines Tages das Tierkreiszeichen wechseln kann, steht hinter manchen Jahreszahlen in Klammern eine Uhrzeit. Diese gibt in mitteleuropäischer Zeit an, um wieviel Uhr der Mond in

das am Ende der Zeile angegebene Zeichen wechselt. Wurden Sie vor der betreffenden Uhrzeit geboren, steht Ihr Mond nicht im aufgeführten Tierkreiszeichen, sondern in dem vorhergehenden. Wenn Sie die Symbole der Tierkreiszeichen nicht kennen, schauen Sie einfach auf Seite 15 nach.

5. Falls Sie an einem Tag geboren wurden, an dem der Mond das Tierkreiszeichen wechselt und Ihre Geburtszeit weniger als eine Stunde von der Uhrzeit des Zeichenwechsels abweicht, sollten Sie in der Tabelle »Sommerzeiten« nachschauen, ob an Ihrem Geburtstag Sommerzeit war. Bei »normaler« Sommerzeit müssen Sie eine Stunde von Ihrer Geburtszeit abziehen, um die MEZ (mitteleuropäische Zeit) zu erhalten. Bei doppelter Sommerzeit, die es nur 1945 gab, müssen zwei Stunden abgezogen werden, ebenso bei der Hochsommerzeit 1947.

6. Wenn Sie Ihre Geburtszeit nicht kennen, lesen Sie entweder unter beiden Mondzeichen nach und versuchen herauszufinden, welcher Text besser auf Sie zutrifft, oder Sie wenden sich schriftlich (mit frankiertem Rückumschlag) an das Standesamt Ihres Geburtsorts. Hier bekommen Sie in aller Regel umgehend Ihre genaue Geburtszeit mitgeteilt.

Falls Ihnen das alles zu kompliziert vorkommt: Es ist sehr viel leichter, als es im ersten Moment scheint. Zur Veranschaulichung ein paar praktische Beispiele.

Nehmen wir an, wir wollen wissen, welches Mondzeichen ein Mensch hat, der am 26.08.1965 geboren wurde.

Suchen Sie das fettgedruckte Datum 26.08. Gehen Sie in dieser Rubrik nach unten zu dem Jahrgang 1965. In derselben Zeile finden Sie das Symbol für das Tierkreiszeichen Jungfrau. Die Uhrzeit (14:36 Uhr) bedeutet, daß um diese Zeit der Mond in das Tierkreiszeichen Jungfrau wechselte. Wer noch vor dieser Uhrzeit geboren wurde, hatte also noch einen Löwemond.

Sommerzeiten

14.03.1921 23 h – 26.10.21 0 h MEZ franz. Zone
25.03.1922 23 h – 08.10.22 0 h MEZ franz. Zone
26.05.1923 23 h – 07.10.23 0 h MEZ franz. Zone
29.03.1924 23 h – 05.10.24 0 h MEZ franz. Zone
04.04.1925 23 h – 04.10.25 0 h MEZ franz. Zone
17.04.1926 23 h – 03.10.26 0 h MEZ franz. Zone
09.04.1927 23 h MEZ statt GMT franz. Zone
01.04.1940 2 h – 02.11.42 3 h MES*
01.01.1941 0 h – 02.11.42 3 h MES
01.01.1942 2 h – 02.11.42 3 h MES
29.03.1943 2 h – 04.10.43 3 h MES
03.04.1944 2 h – 02.10.44 3 h MES
02.04.1945 2 h – 16.09.45 2 h MES
(1945: doppelte Sommerzeit vom 24.05. bis 24.09., im sowjetisch besetzten Teil Deutschlands einschließlich West-Berlins bis 18.11. Sommerzeit)
14.04.1946 2 h – 07.10.46 3 h MES
06.04.1947 3 h – 11.05.47 3 h MES
11.05.1947 3 h – 29.06.47 3 h MES + 1
(1947: Vorstellung gegen MEZ: 2 Stunden [Hochsommerzeit])
29.06.1947 3 h – 05.10.47 3 h MES
18.04.1948 2 h – 03.10.48 3 h MES
10.04.1949 2 h – 02.10.49 3 h MES
06.04.1980 2 h – 28.09.80 3 h MES

29.03.1981 2 h – 27.09.81 3 h MES
28.03.1982 2 h – 26.09.82 3 h MES
27.03.1983 2 h – 25.09.83 3 h MES
25.03.1984 2 h – 30.09.84 3 h MES
31.03.1985 2 h – 29.09.85 3 h MES
30.03.1986 2 h – 28.09.86 3 h MES
29.03.1987 2 h – 27.09.87 3 h MES
27.03.1988 2 h – 25.09.88 3 h MES
26.03.1989 2 h – 24.09.89 3 h MES
25.03.1990 2 h – 30.09.90 3 h MES
31.03.1991 2 h – 29.09.91 3 h MES
29.03.1992 2 h – 27.09.92 3 h MES
28.03.1993 2 h – 26.09.93 3 h MES
27.03.1994 2 h – 25.09.94 3 h MES
26.03.1995 2 h – 24.09.95 3 h MES
31.03.1996 2 h – 27.10.96 3 h MES
30.03.1997 2 h – 26.10.97 3 h MES
29.03.1998 2 h – 25.10.98 3 h MES
28.03.1999 2 h – 31.10.99 3 h MES**
26.03.2000 2 h – 29.10.00 3 h MES**
25.03.2001 2 h – 28.10.01 3 h MES**

---

* 1940 bis 1942 durchgehend
** voraussichtlich (Stand 1998)

GMT = Greenwich mean time (Greenwich-Zeit)
MES = mitteleuropäische Sommerzeit
MEZ = mitteleuropäische Zeit

Geburtsdatum/Mondzeichen

22.08.

Jahr	Zeit	Zeichen
1988		♐
1992		♊
1996	(05:48)	♐
2000	(19:55)	♏
2004		♏
2008		♉

23.08.

Jahr	Zeit	Zeichen
1920		♐
1921		♈
1924		♊
1925		♎
1926	(14:14)	♓
1928	(09:29)	♐
1929	(01:47)	♈
1930		♌
1932		♉
1933	(18:29)	♎
1934		♒
1936		♏
1937		♓
1938	(09:27)	♌
1940	(11:17)	♉
1941		♍
1942	(23:07)	♒
1944		♎
1945	(13:05)	♓
1946		♋
1948		♈
1949		♌
1950	(00:23)	♑
1952	(09:42)	♉
1953		♒
1954	(13:50)	♋
1955		♏
1956		♓
1957	(09:51)	♌
1958		♐
1959	(15:58)	♉
1960		♍
1961		♑
1962		♊
1963		♎
1964	(06:13)	♓
1965		♋
1966	(04:51)	♐
1967		♈
1968	(23:21)	♍
1969	(03:49)	♑
1970	(21:03)	♊
1971	(17:22)	♎
1972		♒
1973	(17:08)	♋
1974		♏
1975		♓
1976	(04:31)	♌
1977		♐

Geburtsdatum/Mondzeichen

Jahr	Zeit	Zeichen
1978	(01:06)	♉
1979		♍
1980	(21:33)	♒
1981		♊
1982	(19:21)	♏
1983	(16:10)	♓
1984		♋
1985	(05:36)	♐
1986		♈
1987		♌
1988	(02:49)	♎
1989	(18:39)	♊
1990	(01:17)	♎
1991		♒
1992	(18:36)	♋
1993		♏
1994	(19:55)	♈
1995	(15:13)	♌
1996		♐
1997		♉
1998		♍
1999		♑
2000		♑
2001	(10:50)	♏
2002	(00:11)	♓
2003		♐
2004	(10:08)	♐
2005		♈
2006	(19:08)	♍
2007	(16:20)	♑
2008	(22:48)	♊
2009		♎
2010		♒

24.08.

Jahr	Zeit	Zeichen
1920	(04:22)	♑
1921	(01:07)	♉
1922	(23:05)	♎
1923	(00:03)	♏
1924		♊
1925	(17:44)	♏
1926		♓
1927	(16:39)	♌
1928		♐
1929		♈
1930	(04:13)	♍
1931		♑
1932	(06:33)	♎
1933		♎
1934	(19:08)	♓
1935		♋
1936		♏
1937	(09:23)	♈
1938		♌
1939	(11:33)	♑
1940		♉
1941		♍
1942		♒

Geburtsdatum/Mondzeichen

Jahr	Zeit	Zeichen
1943		♊
1944	(07:13)	♋
1945		♓
1946	(13:38)	♌
1947		♐
1948		♈
1949	(03:56)	♍
1950		♑
1951	(10:27)	♊
1952		♎
1953	(19:12)	♏
1954		♋
1955		♏
1956	(03:30)	♈
1957		♌
1958	(04:38)	♑
1959		♉
1960	(21:09)	♒
1961	(00:25)	♒
1962	(19:34)	♈
1963	(12:39)	♏
1964		♓
1965	(15:01)	♌
1966		♐
1967		♈
1968		♍
1969		♑
1970		♊
1971		♍
1972	(16:28)	♓
1973		♋
1974	(14:34)	♐
1975	(13:02)	♈
1976		♌
1977	(06:30)	♑
1978		♉
1979		♍
1980		♒
1981	(19:17)	♏
1982		♏
1983		♋
1984	(14:00)	♌
1985		♐
1986	(14:36)	♉
1987	(11:23)	♑
1988		♑
1989		♊
1990		♎
1991		♒
1992		♐
1993	(08:45)	♐
1994		♈
1995		♌
1996	(09:22)	♑
1997	(23:56)	♊
1998	(16:02)	♎
1999	(10:49)	♒

Geburtsdatum/Mondzeichen

Jahr	Zeit	Zeichen
2000	(23:00)	♋
2001		♏
2002		♓
2003		♋
2004		♐
2005	(02:58)	♉
2006		♍
2007		♑
2008		♊
2009	(20:16)	♏
2010	(15:11)	♓

25.08.

Jahr	Zeit	Zeichen
1920		♑
1921		♉
1922		♎
1923		♒
1924	(00:48)	♒
1925		♏
1926	(13:30)	♈
1927		♌
1928	(21:59)	♑
1929	(08:55)	♉
1930		♍
1931	(09:38)	♒
1932		♊
1933	(23:45)	♏
1934		♓
1935		♋
1936	(03:09)	♐
1937		♈
1938	(09:43)	♍
1939		♑
1940	(23:13)	♊
1941	(00:21)	♎
1942		♒
1943	(06:07)	♋
1944		♏
1945	(14:30)	♈
1946		♌
1947		♐
1948	(02:03)	♉
1949		♍
1950	(03:53)	♒
1951		♊
1952	(20:10)	♏
1953		♓
1954	(19:22)	♌
1955	(07:03)	♐
1956		♈
1957	(09:26)	♍
1958		♑
1959		♉
1960		♎
1961		♒
1962		♋
1963		♏
1964	(13:15)	♈

Geburtsdatum / Mondzeichen	Geburtsdatum / Mondzeichen	Geburtsdatum / Mondzeichen	Geburtsdatum / Mondzeichen
1965 ♌	1930 (03:58) ♎	1987 (22:35) ♎	1952 ♏
1966 (12:37) ♑	1931 ♒	1988 ♒	1953 ♈
1967 (09:21) ♉	1932 (17:50) ♋	1989 ♋	1954 ♌
1968 ♍	1933 ♏	1990 ♏	1955 (19:57) ♑
1969 (04:36) ♓	1934 (19:44) ♈	1991 ♓	1956 ♉
1970 ♊	1935 (04:00) ♌	1992 ♌	1957 (08:41) ♎
1971 ♎	1936 ♐	1993 (14:58) ♑	1958 ♒
1972 ♓	1937 (12:57) ♉	1994 (07:13) ♉	1959 ♊
1973 (18:49) ♌	1938 ♍	1995 (00:50) ♍	1960 (04:23) ♏
1974 ♐	1939 (23:09) ♒	1996 (10:10) ♒	1961 (23:49) ♈
1975 ♈	1940 ♊	1997 ♊	1962 (04:30) ♌
1976 (08:04) ♍	1941 ♎	1998 ♎	1963 (01:15) ♐
1977 ♑	1942 (00:55) ♓	1999 (18:50) ♓	1964 (18:24) ♉
1978 (09:31) ♊	1943	2000 ♋	1965 ♍
1979 (09:13) ♎	1944 (17:52) ♐	2001 ♐	1966 (22:56) ♒
1980 (23:43) ♓	1945 ♈	2002 ♈	1967 (22:08) ♊
1981 ♒	1946 (16:54) ♍	2003 ♌	1968 ♎
1982 ♏	1947 (02:31) ♑	2004 ♑	1969 (05:03) ♓
1983 ♓	1948 ♉	2005 (09:43) ♊	1970 ♋
1984 ♌	1949 (04:24) ♎	2006 (08:01) ♎	1971 ♏
1985 (09:24) ♑	1950 ♒	2007 ♒	1972 ♈
1986 ♉	1951 (22:44) ♋	2008 (01:18) ♋	1973 (20:33) ♍
1987 ♍	1952 ♏	2009 ♏	1974 (01:15) ♑
1988 (05:05) ♒	1953 (18:46) ♈	2010 ♓	1975 (01:45) ♉
1989 (23:13) ♋	1954 ♌	**27.08.**	1976 (09:42) ♎
1990 (10:56) ♏	1955 ♐	1920 ♒	1977 ♒
1991 (06:51) ♓	1956 (12:23) ♉	1921 ♊	1978 (20:59) ♋
1992 (20:15) ♌	1957 ♍	1922 (00:02) ♏	1979 (21:12) ♏
1993 ♐	1958 (11:28) ♒	1923 ♓	1980 ♓
1994 ♈	1959 (04:18) ♊	1924 (12:19) ♌	1981 ♌
1995 ♌	1960 ♎	1925 ♐	1982 ♐
1996 ♑	1961 (00:02) ♓	1926 (14:24) ♉	1983 ♈
1997 ♊	1962 ♋	1927 (01:55) ♍	1984 ♍
1998 ♎	1963 ♏	1928 ♑	1985 (14:31) ♑
1999 ♒	1964 ♈	1929 (14:03) ♊	1986 (02:00) ♊
2000 ♋	1965 (14:36) ♍	1930 ♎	1987 ♎
2001 (15:59) ♐	1966 ♑	1931 (20:27) ♓	1988 (05:01) ♓
2002 (11:48) ♈	1967 ♉	1932 ♋	1989 ♋
2003 (05:48) ♌	1968 (04:45) ♎	1933 ♏	1990 (22:57) ♐
2004 (12:46) ♑	1969 (05:58) ♒	1934 ♈	1991 (16:01) ♈
2005 ♉	1970 (06:09) ♏	1935 ♌	1992 (19:46) ♍
2006 ♍	1971 (19:40) ♈	1936 (13:35) ♑	1993 ♑
2007 (23:35) ♒	1972 ♌	1937 ♉	1994 ♉
2008 ♊	1973 ♐	1938 (11:26) ♎	1995 ♍
2009 ♏	1974 ♈	1939 ♒	1996 ♒
2010 ♓	1975 ♍	1940 ♊	1997 (07:10) ♋
26.08.	1976 (08:41) ♒	1941 (02:49) ♏	1998 (04:25) ♏
1920 (16:36) ♒	1977 ♊	1942 ♓	1999 ♓
1921 (08:58) ♊	1978 ♎	1943 (18:49) ♌	2000 (00:17) ♌
1922 ♎	1979 ♓	1944 ♐	2001 ♐
1923 (07:25) ♓	1980 (23:10) ♌	1945 (15:33) ♉	2002 ♈
1924 ♋	1981 (05:11) ♐	1946 ♍	2003 (11:27) ♍
1925 (23:50) ♐	1982 (04:08) ♈	1947 ♑	2004 (14:08) ♒
1926 ♈	1983 (14:32) ♍	1948 (11:40) ♊	2005 ♐
1927 ♌	1984 ♑	1949 ♎	2006 ♈
1928 ♑	1985 ♉	1950 (09:02) ♓	2007 ♒
1929 ♉	1986 ♉	1951 ♋	2008 ♋

Geburtsdatum/Mondzeichen		
2009	(04:16)	♐
2010	(03:49)	♈
28.08.		
1920		♒
1921	(13:17)	♒
1922		♏
1923	(17:15)	♈
1924		♌
1925		♐
1926		♉
1927		♍
1928	(07:57)	♒
1929		♊
1930	(06:11)	♏
1931		♓
1932		♋
1933	(03:21)	♐
1934	(22:55)	♉
1935	(16:20)	♍
1936		♑
1937	(16:01)	♊
1938		♎
1939		♒
1940	(07:53)	♋
1941		♏
1942	(04:39)	♈
1943		♐
1944		♐
1945		♉
1946	(22:15)	♎
1947	(15:18)	♒
1948		♊
1949	(05:19)	♏
1950		♓
1951		♈
1952	(03:53)	♐
1953	(19:10)	♉
1954	(02:44)	♑
1955		♑
1956	(18:59)	♊
1957		♎
1958	(20:25)	♓
1959	(16:33)	♋
1960		♏
1961		♈
1962		♌
1963		♐
1964		♉
1965	(14:52)	♎
1966		♒
1967		♊
1968	(08:38)	♏
1969		♓
1970	(17:38)	♌
1971	(17:56)	♐
1972	(21:43)	♉
1973		♍

Geburtsdatum/Mondzeichen		
1974		♑
1975		♉
1976		♎
1977	(11:46)	♓
1978		♋
1979		♏
1980	(00:11)	♈
1981		♌
1982	(17:42)	♑
1983	(14:38)	♉
1984	(13:57)	♉
1985		♒
1986		♊
1987		♎
1988		♓
1989	(06:12)	♌
1990		♐
1991		♈
1992		♍
1993	(23:42)	♑
1994	(20:07)	♊
1995	(08:15)	♎
1996	(09:49)	♓
1997		♌
1998		♏
1999		♓
2000		♌
2001	(01:02)	♑
2002	(00:32)	♉
2003		♍
2004		♒
2005	(19:57)	♋
2006	(20:56)	♐
2007	(03:34)	♓
2008	(03:51)	♌
2009		♐
2010		♈
29.08.		
1920	(02:55)	♓
1921		♋
1922	(03:26)	♐
1923		♈
1924	(21:19)	♍
1925	(03:19)	♑
1926	(18:39)	♊
1927	(13:02)	♎
1928		♒
1929	(17:04)	♋
1930		♏
1931		♓
1932	(02:03)	♌
1933		♐
1934		♉
1935		♍
1936	(20:12)	♒
1937		♊
1938	(16:26)	♏

Geburtsdatum/Mondzeichen		
1939	(11:42)	♓
1940		♋
1941	(05:13)	♐
1942		♈
1943		♌
1944	(01:12)	♑
1945	(17:47)	♊
1946		♎
1947		♒
1948	(17:34)	♋
1949		♏
1950	(16:45)	♈
1951	(11:10)	♌
1952		♐
1953		♉
1954		♍
1955		♑
1956		♊
1957	(09:45)	♏
1958		♓
1959		♋
1960	(09:19)	♐
1961		♈
1962	(15:36)	♍
1963	(12:57)	♑
1964	(22:16)	♊
1965		♎
1966		♒
1967		♊
1968		♏
1969	(06:57)	♈
1970		♌
1971		♐
1972		♉
1973	(23:52)	♎
1974	(13:53)	♒
1975	(12:53)	♊
1976	(11:05)	♏
1977		♓
1978		♋
1979		♏
1980		♈
1981	(04:32)	♍
1982		♑
1983		♉
1984		♎
1985	(21:25)	♓
1986	(14:40)	♋
1987	(07:49)	♏
1988	(04:29)	♈
1989		♌
1990		♐
1991	(23:00)	♉
1992	(19:10)	♎
1993		♒
1994		♊
1995		♎

Geburtsdatum/Mondzeichen		
1996		♓
1997	(17:19)	♌
1998	(16:55)	♐
1999	(00:09)	♈
2000	(00:55)	♍
2001		♑
2002		♉
2003	(14:41)	♍
2004	(15:33)	♓
2005		♋
2006		♏
2007		♓
2008		♌
2009	(15:44)	♑
2010	(15:35)	♉
30.08.		
1920		♓
1921	(14:31)	♌
1922		♐
1923		♈
1924		♍
1925		♑
1926		♊
1927		♎
1928	(14:31)	♓
1929		♑
1930	(12:05)	♐
1931	(08:56)	♈
1932		♌
1933	(05:52)	♑
1934		♉
1935		♍
1936		♒
1937	(19:03)	♋
1938		♏
1939		♓
1940	(12:31)	♌
1941		♐
1942	(11:29)	♍
1943	(07:47)	♍
1944		♑
1945		♊
1946		♎
1947		♒
1948		♋
1949	(08:00)	♐
1950		♈
1951		♌
1952	(08:24)	♑
1953	(22:07)	♊
1954	(12:12)	♎
1955	(07:35)	♒
1956	(22:51)	♋
1957		♏
1958		♓
1959		♋
1960		♐

Geburtsdatum / Mondzeichen		Geburtsdatum / Mondzeichen		Geburtsdatum / Mondzeichen		Geburtsdatum / Mondzeichen	
1961 (01:37)	♉	1926	♊	1983	♊	1948	♌
1962	♍	1927	♎	1984	♏	1949 (13:05)	♑
1963	♑	1928	♓	1985	♓	1950 (03:19)	♉
1964	♊	1929 (18:27)	♌	1986	♋	1951	♍
1965 (17:54)	♏	1930	♐	1987 (14:24)	♐	1952 (10:03)	♒
1966 (10:48)	♓	1931	♈	1988 (05:22)	♉	1953	♊
1967 (08:34)	♋	1932 (06:58)	♍	1989	♍	1954 (23:49)	♏
1968 (11:40)	♐	1933	♑	1990	♑	1955 (16:23)	♓
1969	♈	1934 (05:55)	♊	1991	♉	1956	♏
1970	♌	1935 (05:08)	♎	1992 (20:38)	♏	1957	♐
1971	♐	1936 (23:06)	♓	1993 (10:19)	♓	1958	♈
1972 (23:56)	♊	1937	♋	1994 (08:00)	♋	1959	♌
1973	♎	1938	♏	1995	♏	1960	♑
1974	♒	1939	♓	1996	♈	1961 (06:52)	♊
1975	♊	1940	♌	1997	♐	1962 (04:01)	♎
1976	♏	1941 (08:18)	♑	1998	♐	1963	♒
1977 (17:11)	♈	1942	♊	1999 (03:41)	♉	1964 (01:13)	♋
1978 (09:40)	♌	1943	♍	2000 (02:33)	♎	1965	♏
1979 (06:39)	♐	1944 (04:44)	♒	2001	♒	1966 (23:27)	♈
1980 (00:41)	♉	1945 (22:00)	♋	2002	♊	1967 (15:08)	♌
1981	♍	1946 (06:49)	♏	2003 (17:00)	♏	1968 (14:22)	♑
1982	♑	1947 (03:03)	♓	2004 (18:46)	♈	1969	♉
1983 (22:49)	♊	1948 (19:41)	♌	2005 (08:14)	♌	1970	♍
1984 (14:23)	♏	1949	♐	2006 (08:00)	♐	1971	♑
1985	♓	1950	♈	2007	♈	1972	♊
1986	♋	1951 (22:00)	♍	2008	♍	1973 (06:17)	♏
1987	♏	1952	♑	2009	♑	1974 (02:29)	♓
1988	♈	1953	♊	2010	♉	1975	♋
1989 (15:29)	♍	1954	♎	**01.09.**		1976	♐
1990 (11:23)	♑	1955	♒	1920	♈	1977	♈
1991	♉	1956	♋	1921 (14:06)	♍	1978 (21:46)	♍
1992	♎	1957 (14:07)	♐	1922	♑	1979 (12:34)	♑
1993	♒	1958 (07:35)	♈	1923	♉	1980 (02:50)	♊
1994	♊	1959 (02:33)	♌	1924 (03:38)	♎	1981	♎
1995 (13:51)	♏	1960 (12:09)	♑	1925	♒	1982	♒
1996 (10:15)	♈	1961	♉	1926 (02:48)	♋	1983	♊
1997	♌	1962	♍	1927 (01:36)	♏	1984 (17:30)	♐
1998	♐	1963 (21:37)	♒	1928 (18:26)	♈	1985 (06:42)	♈
1999	♈	1964	♊	1929	♌	1986 (02:08)	♌
2000	♍	1965	♏	1930 (21:35)	♑	1987	♐
2001 (12:48)	♒	1966	♓	1931 (21:59)	♉	1988	♉
2002 (12:45)	♊	1967	♋	1932	♍	1989	♍
2003	♎	1968	♐	1933 (08:00)	♒	1990 (21:51)	♒
2004	♓	1969 (11:50)	♉	1934	♊	1991 (04:02)	♊
2005	♈	1970 (06:36)	♍	1935	♎	1992	♏
2006	♏	1971 (02:54)	♑	1936	♓	1993	♓
2007 (05:25)	♈	1972	♊	1937 (22:21)	♌	1994	♋
2008 (07:18)	♍	1973	♎	1938 (01:28)	♐	1995 (17:57)	♐
2009	♑	1974	♒	1939 (00:15)	♈	1996 (13:20)	♉
2010	♉	1975 (20:35)	♋	1940 (13:57)	♍	1997 (05:27)	♍
31.08.		1976 (13:28)	♐	1941	♑	1998 (03:23)	♑
1920 (11:03)	♈	1977	♈	1942 (21:40)	♊	1999	♉
1921	♌	1978	♌	1943 (19:33)	♎	2000	♎
1922 (09:53)	♑	1979	♐	1944	♒	2001	♒
1923 (05:12)	♉	1980	♉	1945	♋	2002 (22:14)	♋
1924	♍	1981 (12:02)	♎	1946	♏	2003	♏
1925 (04:41)	♒	1982 (06:24)	♒	1947	♓	2004	♈

Geburtsdatum/ Mondzeichen		Geburtsdatum/ Mondzeichen		Geburtsdatum/ Mondzeichen		Geburtsdatum/ Mondzeichen	
2005	♌	1970 (19:25)	♎	1935	♏	1992 (01:50)	♐
2006	♐	1971 (08:04)	♒	1936	♈	1993	♈
2007 (06:35)	♉	1972 (03:11)	♉	1937	♌	1994	♌
2008 (12:44)	♎	1973	♏	1938 (13:30)	♑	1995 (20:45)	♑
2009 (04:43)	♒	1974	♓	1939 (11:47)	♉	1996 (20:08)	♊
2010 (01:19)	♓	1975	♋	1940 (13:54)	♊	1997 (18:30)	♎
02.09.		1976 (17:29)	♑	1941	♒	1998 (10:21)	♒
1920 (17:19)	♉	1977 (01:52)	♒	1942	♊	1999	♊
1921	♍	1978	♍	1943	♎	2000	♏
1922 (19:12)	♒	1979	♑	1944	♓	2001	♓
1923 (17:50)	♊	1980	♏	1945 (04:20)	♌	2002	♋
1924	♎	1981 (22:10)	♏	1946	♏	2003	♐
1925 (05:02)	♓	1982 (17:11)	♓	1947	♈	2004 (01:16)	♉
1926	♋	1983 (03:53)	♈	1948	♒	2005	♍
1927	♏	1984	♐	1949 (20:37)	♒	2006	♑
1928	♈	1985	♈	1950 (15:45)	♊	2007 (08:30)	♊
1929 (19:27)	♐	1986	♌	1951 (06:32)	♉	2008 (21:02)	♏
1930	♉	1987 (18:04)	♑	1952 (10:00)	♓	2009 (16:58)	♏
1931	♉	1988 (09:11)	♊	1953	♋	2010 (07:50)	♋
1932 (09:32)	♒	1989 (02:47)	♎	1954	♏	**04.09.**	
1933	♒	1990	♒	1955 (22:24)	♈	1920 (21:58)	♊
1934 (16:40)	♋	1991	♊	1956	♌	1921	♎
1935 (17:22)	♏	1992	♏	1957	♑	1922	♒
1936 (23:43)	♈	1993 (22:21)	♈	1958	♉	1923	♊
1937	♌	1994 (16:37)	♌	1959	♍	1924	♏
1938	♐	1995	♐	1960	♒	1925 (06:02)	♈
1939	♈	1996	♉	1961 (16:00)	♋	1926	♌
1940	♍	1997	♍	1962 (16:46)	♏	1927	♐
1941 (12:39)	♒	1998	♑	1963 (02:37)	♓	1928	♉
1942	♊	1999 (06:25)	♊	1964 (03:36)	♌	1929 (21:51)	♎
1943	♎	2000 (06:55)	♏	1965	♐	1930 (09:27)	♒
1944 (05:14)	♓	2001 (01:32)	♓	1966	♉	1931 (09:43)	♊
1945	♐	2002	♐	1967 (18:07)	♍	1932 (11:06)	♏
1946 (18:31)	♐	2003 (19:32)	♐	1968 (17:19)	♒	1933	♓
1947 (13:02)	♈	2004	♈	1969	♊	1934	♋
1948 (19:20)	♐	2005 (20:56)	♍	1970	♎	1935	♏
1949	♑	2006 (15:34)	♑	1971	♒	1936	♈
1950	♉	2007	♉	1972	♐	1937 (02:34)	♍
1951	♍	2008	♎	1973 (16:24)	♐	1938	♐
1952	♒	2009	♒	1974 (13:58)	♈	1939	♉
1953 (04:30)	♋	2010	♊	1975 (00:08)	♌	1940	♉
1954	♏	**03.09.**		1976	♑	1941 (18:52)	♓
1955	♓	1920	♉	1977	♉	1942 (10:00)	♋
1956 (00:14)	♌	1921 (14:05)	♎	1978	♍	1943 (05:20)	♏
1957 (22:05)	♉	1922	♒	1979 (14:59)	♋	1944 (04:27)	♈
1958 (20:24)	♉	1923	♊	1980 (07:39)	♋	1945	♌
1959 (09:31)	♍	1924 (07:54)	♏	1981	♏	1946	♐
1960 (13:35)	♋	1925	♐	1982	♓	1947 (21:10)	♉
1961	♊	1926 (14:01)	♌	1983	♋	1948 (18:35)	♎
1962	♎	1927 (14:10)	♐	1984 (23:55)	♑	1949	♒
1963	♒	1928 (21:07)	♉	1985 (18:28)	♉	1950	♊
1964	♋	1929	♍	1986 (11:06)	♍	1951	♎
1965 (01:00)	♐	1930	♑	1987	♑	1952	♓
1966	♈	1931	♉	1988	♊	1953 (14:05)	♌
1967	♌	1932	♎	1989	♎	1954 (12:32)	♐
1968	♑	1933 (10:44)	♓	1990	♒	1955	♈
1969 (20:23)	♊	1934	♋	1991 (07:19)	♋	1956 (00:20)	♍

Geburtsdatum/ Mondzeichen		
1957		♑
1958		♉
1959	(13:56)	♎
1960	(14:51)	♓
1961		♋
1962		♏
1963		♓
1964		♌
1965	(11:51)	♑
1966	(11:59)	♉
1967		♍
1968		♒
1969		♊
1970		♋
1971	(09:51)	♓
1972	(07:54)	♌
1973		♐
1974		♈
1975		♌
1976	(23:20)	♒
1977	(13:27)	♊
1978	(08:15)	♎
1979		♒
1980		♏
1981		♏
1982		♓
1983	(05:47)	♌
1984		♑
1985		♉
1986		♍
1987	(19:22)	♒
1988	(16:37)	♋
1989	(15:23)	♏
1990	(05:06)	♓
1991		♋
1992		♏
1993		♈
1994	(21:33)	♍
1995		♑
1996		♊
1997		♎
1998		♒
1999	(09:10)	♋
2000	(15:08)	♐
2001	(13:58)	♈
2002	(03:36)	♌
2003	(22:51)	♑
2004		♉
2005		♍
2006	(19:15)	♒
2007		♊
2008		♏
2009		♓
2010		♋
05.09.		
1920		♊
1921	(16:24)	♏

Geburtsdatum/ Mondzeichen		
1922	(06:41)	♓
1923	(04:59)	♋
1924	(11:00)	♐
1925		♈
1926		♌
1927		♐
1928	(23:43)	♊
1929		♎
1930		♒
1931		♊
1932		♋
1933	(15:15)	♈
1934	(05:32)	♌
1935	(03:48)	♐
1936	(00:04)	♉
1937		♍
1938		♐
1939	(21:02)	♊
1940	(14:16)	♏
1941		♓
1942		♋
1943		♏
1944		♐
1945	(12:36)	♍
1946	(07:24)	♑
1947		♉
1948		♎
1949		♒
1950		♏
1951	(12:49)	♏
1952	(09:57)	♈
1953		♌
1954		♐
1955		♈
1956		♒
1957	(08:50)	♒
1958	(09:07)	♊
1959		♎
1960		♓
1961		♋
1962		♏
1963	(04:52)	♈
1964	(06:12)	♍
1965		♑
1966		♉
1967	(19:03)	♎
1968	(21:27)	♓
1969	(07:57)	♋
1970	(06:54)	♏
1971		♓
1972		♌
1973		♐
1974	(23:50)	♉
1975	(00:29)	♍
1976		♒
1977		♊
1978		♎

Geburtsdatum/ Mondzeichen		
1979	(15:03)	♓
1980	(15:22)	♌
1981	(10:23)	♐
1982	(01:24)	♈
1983		♌
1984		♑
1985		♉
1986	(17:33)	♍
1987		♒
1988		♋
1989		♏
1990		♓
1991	(09:13)	♌
1992	(11:06)	♐
1993	(11:09)	♉
1994		♍
1995	(22:47)	♏
1996		♊
1997		♎
1998	(13:48)	♓
1999		♌
2000		♐
2001		♈
2002		♌
2003		♐
2004	(11:24)	♊
2005	(08:52)	♎
2006		♒
2007	(12:08)	♋
2008		♏
2009		♓
2010	(10:45)	♌
06.09.		
1920		♊
1921		♏
1922		♓
1923		♋
1924		♐
1925	(09:27)	♉
1926	(02:40)	♍
1927	(00:28)	♑
1928		♊
1929		♎
1930	(22:06)	♓
1931	(18:15)	♋
1932	(13:00)	♐
1933		♈
1934		♌
1935		♐
1936		♉
1937	(08:48)	♍
1938	(02:10)	♒
1939		♊
1940		♏
1941		♓
1942	(22:15)	♌
1943	(12:38)	♐

Geburtsdatum/ Mondzeichen		
1944	(04:28)	♉
1945		♍
1946		♑
1947		♉
1948	(19:34)	♍
1949	(06:26)	♓
1950	(03:54)	♋
1951		♏
1952		♈
1953		♌
1954		♐
1955	(02:36)	♉
1956	(01:04)	♎
1957		♒
1958		♊
1959	(16:53)	♏
1960	(17:26)	♈
1961	(04:01)	♍
1962	(04:26)	♐
1963		♈
1964		♍
1965		♑
1966	(22:52)	♊
1967		♑
1968		♓
1969		♋
1970		♏
1971	(09:43)	♈
1972	(14:15)	♍
1973	(05:01)	♉
1974		♉
1975	(23:38)	♒
1976		♒
1977		♊
1978	(16:38)	♏
1979		♌
1980		♌
1981		♐
1982		♈
1983	(05:36)	♍
1984	(09:11)	♒
1985	(07:27)	♎
1986		♎
1987	(19:37)	♓
1988		♋
1989		♏
1990	(09:23)	♈
1991		♌
1992		♐
1993		♉
1994	(23:57)	♎
1995		♒
1996	(06:29)	♋
1997	(07:10)	♓
1998		♓
1999	(12:29)	♌
2000		♐

Geburtsdatum/ Mondzeichen	Geburtsdatum/ Mondzeichen	Geburtsdatum/ Mondzeichen	Geburtsdatum/ Mondzeichen
2001 ♈	1966 ♊	1931 (22:47) ♌	1988 ♌
2002 (05:16) ♍	1967 (19:44) ♏	1932 (16:11) ♑	1989 ♐
2003 ♑	1968 ♓	1933 ♓	1990 (11:55) ♉
2004 ♊	1969 (20:36) ♌	1934 ♍	1991 ♍
2005 ♎	1970 (15:58) ♐	1935 ♑	1992 ♒
2006 (19:56) ♓	1971 ♈	1936 ♊	1993 ♊
2007 ♋	1972 ♍	1937 (17:59) ♏	1994 ♎
2008 (08:11) ♐	1973 ♑	1938 (13:28) ♓	1995 (01:08) ♓
2009 (03:14) ♈	1974 ♉	1939 (02:52) ♋	1996 (18:54) ♌
2010 ♌	1975 ♎	1940 ♐	1997 (17:54) ♐
07.09.	1976 (07:11) ♓	1941 ♈	1998 ♈
1920 (01:04) ♋	1977 (02:03) ♋	1942 ♌	1999 (16:57) ♍
1921 (22:20) ♐	1978 ♏	1943 (17:13) ♑	2000 ♑
1922 (19:29) ♈	1979 (14:29) ♈	1944 (07:13) ♊	2001 ♉
1923 (12:54) ♌	1980 ♌	1945 ♎	2002 (04:57) ♎
1924 (13:41) ♑	1981 (22:48) ♑	1946 ♒	2003 ♒
1925 ♉	1982 (07:27) ♉	1947 ♊	2004 ♋
1926 ♍	1983 ♍	1948 (23:52) ♐	2005 ♏
1927 ♑	1984 ♒	1949 (18:13) ♈	2006 (19:23) ♈
1928 ♊	1985 ♊	1950 (13:34) ♌	2007 ♌
1929 (03:20) ♏	1986 (22:12) ♏	1951 ♐	2008 (20:45) ♑
1930 ♓	1987 ♓	1952 ♉	2009 (11:18) ♉
1931 ♋	1988 (03:14) ♌	1953 ♍	2010 ♍
1932 ♐	1989 (03:51) ♐	1954 ♑	**09.09.**
1933 (22:35) ♉	1990 ♈	1955 (05:58) ♊	1920 (03:02) ♌
1934 (18:16) ♍	1991 (10:35) ♍	1956 (04:27) ♏	1921 ♐
1935 (11:08) ♑	1992 (23:08) ♒	1957 ♓	1922 ♈
1936 (01:54) ♊	1993 (23:16) ♊	1958 ♋	1923 (17:16) ♍
1937 ♎	1994 ♎	1959 (19:20) ♐	1924 (16:33) ♒
1938 ♒	1995 ♒	1960 (22:44) ♉	1925 ♊
1939 ♊	1996 ♋	1961 (17:05) ♍	1926 ♎
1940 (16:36) ♐	1997 ♏	1962 (13:20) ♑	1927 ♒
1941 (03:28) ♈	1998 (14:52) ♈	1963 ♉	1928 ♐
1942 ♌	1999 ♌	1964 ♎	1929 (12:38) ♐
1943 ♐	2000 (02:47) ♑	1965 ♒	1930 (10:21) ♈
1944 ♉	2001 (01:18) ♉	1966 ♊	1931 ♌
1945 (22:48) ♎	2002 ♍	1967 ♏	1932 ♑
1946 (18:41) ♒	2003 (03:15) ♒	1968 (03:49) ♈	1933 ♉
1947 (03:18) ♊	2004 (23:50) ♋	1969 ♌	1934 ♉
1948 ♏	2005 (19:10) ♏	1970 ♐	1935 (14:44) ♒
1949 ♓	2006 ♓	1971 (09:37) ♉	1936 (06:16) ♋
1950 ♋	2007 (17:59) ♌	1972 (22:36) ♎	1937 ♏
1951 (17:11) ♐	2008 ♐	1973 (17:30) ♒	1938 ♓
1952 (11:48) ♉	2009 ♈	1974 (07:36) ♊	1939 ♑
1953 (01:47) ♍	2010 (10:53) ♍	1975 (23:45) ♏	1940 (21:45) ♑
1954 (00:10) ♑	**08.09.**	1976 ♓	1941 (14:32) ♉
1955 ♉	1920 ♋	1977 ♋	1942 (08:31) ♍
1956 ♉	1921 ♐	1978 (22:39) ♐	1943 ♑
1957 (21:04) ♓	1922 ♈	1979 ♈	1944 ♊
1958 (19:22) ♋	1923 ♌	1980 (01:31) ♍	1945 ♎
1959 ♏	1924 ♑	1981 ♉	1946 ♒
1960 ♈	1925 (16:39) ♊	1982 ♉	1947 (07:12) ♋
1961 ♌	1926 (15:23) ♎	1983 (05:13) ♎	1948 ♐
1962 ♐	1927 (06:50) ♒	1984 (20:24) ♓	1949 ♈
1963 (06:02) ♉	1928 (02:51) ♋	1985 (19:10) ♋	1950 ♌
1964 (10:19) ♎	1929 ♏	1986 ♏	1951 (20:06) ♑
1965 (00:34) ♒	1930 ♓	1987 (20:34) ♈	1952 (17:06) ♊

Geburtsdatum/ Mondzeichen	Geburtsdatum/ Mondzeichen	Geburtsdatum/ Mondzeichen	Geburtsdatum/ Mondzeichen
1953 (14:27) ♎	2010 (10:01) ♎	1975 ♏	1940 ♑
1954 (08:31) ♒	**10.09.**	1976 ♈	1941 ♉
1955 ♊	1920 ♌	1977 ♌	1942 (16:05) ♒
1956 ♏	1921 (07:58) ♑	1978 ♐	1943 ♒
1957 ♓	1922 (08:24) ♉	1979 ♉	1944 ♋
1958 ♋	1923 ♍	1980 (13:22) ♎	1945 ♏
1959 ♐	1924 ♒	1981 (08:59) ♒	1946 ♓
1960 ♉	1925 ♊	1982 ♊	1947 (09:03) ♌
1961 ♍	1926 ♎	1983 (06:49) ♏	1948 (07:56) ♑
1962 ♑	1927 (09:16) ♓	1984 ♓	1949 (07:12) ♉
1963 (07:45) ♒	1928 (06:49) ♌	1985 ♋	1950 ♉
1964 (17:20) ♏	1929 ♐	1986 (01:40) ♐	1951 (22:11) ♒
1965 (12:56) ♓	1930 ♈	1987 (23:57) ♉	1952 ♊
1966 (06:26) ♋	1931 ♉	1988 ♍	1953 ♎
1967 (21:40) ♐	1932 (21:16) ♒	1989 ♑	1954 (12:55) ♓
1968 ♈	1933 (09:01) ♊	1990 (14:05) ♊	1955 ♋
1969 ♌	1934 (05:23) ♍	1991 ♎	1956 ♐
1970 (21:51) ♑	1935 ♒	1992 (11:56) ♓	1957 ♈
1971 ♉	1936 ♋	1993 (08:37) ♋	1958 ♌
1972 ♎	1937 ♏	1994 ♏	1959 ♑
1973 ♒	1938 (22:40) ♈	1995 (05:14) ♈	1960 (07:31) ♊
1974 ♊	1939 (05:12) ♌	1996 ♌	1961 (05:33) ♎
1975 ♈	1940 ♑	1997 ♐	1962 ♒
1976 (17:18) ♈	1941 ♉	1998 ♉	1963 (11:08) ♋
1977 (13:14) ♌	1942 ♍	1999 (23:16) ♎	1964 ♏
1978 ♐	1943 (19:18) ♍	2000 ♒	1965 (23:50) ♈
1979 (15:12) ♉	1944 (13:47) ♋	2001 ♊	1966 (10:01) ♌
1980 ♍	1945 (10:48) ♏	2002 (04:48) ♏	1967 ♐
1981 ♎	1946 (02:46) ♓	2003 ♓	1968 ♉
1982 (11:57) ♊	1947 ♐	2004 (12:06) ♌	1969 ♍
1983 ♎	1948 ♑	2005 (03:03) ♐	1970 ♑
1984 ♓	1949 ♈	2006 (19:30) ♑	1971 ♊
1985 ♋	1950 (19:55) ♍	2007 (02:10) ♍	1972 (09:15) ♏
1986 ♏	1951 ♑	2008 ♑	1973 (03:40) ♓
1987 ♈	1952 ♊	2009 (17:17) ♎	1974 ♐
1988 (15:48) ♍	1953 ♎	2010 ♎	1975 (02:41) ♐
1989 (14:13) ♑	1954 ♒	**11.09.**	1976 ♈
1990 ♉	1955 (09:01) ♒	1920 (04:54) ♍	1977 (21:34) ♍
1991 (12:51) ♎	1956 (11:46) ♐	1921 ♑	1978 (02:20) ♑
1992 ♒	1957 (09:45) ♈	1922 ♉	1979 (18:54) ♊
1993 ♊	1958 (01:42) ♌	1923 (19:03) ♊	1980 ♎
1994 (01:26) ♏	1959 (22:04) ♉	1924 (20:16) ♓	1981 ♒
1995 ♓	1960 ♉	1925 (03:35) ♋	1982 (15:18) ♋
1996 ♌	1961 ♒	1926 (03:15) ♏	1983 ♏
1997 ♐	1962 (18:26) ♒	1927 ♓	1984 (08:46) ♈
1998 (15:16) ♉	1963 ♊	1928 ♌	1985 (03:27) ♌
1999 ♒	1964 ♏	1929 ♐	1986 ♐
2000 (15:45) ♒	1965 ♓	1930 (21:18) ♉	1987 ♉
2001 (10:41) ♊	1966 ♋	1931 (00:04) ♍	1988 ♍
2002 ♎	1967 ♉	1932 ♒	1989 (21:02) ♒
2003 (09:07) ♓	1968 (13:06) ♉	1933 ♊	1990 ♏
2004 ♋	1969 (08:20) ♍	1934 ♎	1991 (17:42) ♏
2005 ♏	1970 ♑	1935 (15:15) ♓	1992 ♓
2006 ♈	1971 (11:25) ♎	1936 (13:13) ♌	1993 ♐
2007 ♌	1972 ♑	1937 (05:59) ♐	1994 (03:25) ♐
2008 ♑	1973 ♒	1938 ♈	1995 ♈
2009 ♉	1974 (12:40) ♋	1939 ♌	1996 (07:28) ♍

Geburtsdatum	Mondzeichen	Geburtsdatum	Mondzeichen	Geburtsdatum	Mondzeichen	Geburtsdatum	Mondzeichen
1997 (01:23)	♑	1962 (20:02)	♓	1927	♈	1984 (21:33)	♉
1998 (16:40)	♊	1963	♋	1928	♍	1985 (07:52)	♍
1999	♎	1964 (03:47)	♐	1929	♑	1986	♑
2000	♒	1965	♈	1930	♉	1987 (06:55)	♊
2001 (17:09)	♒	1966	♌	1931	♒	1988	♒
2002	♏	1967 (01:43)	♑	1932 (04:31)	♓	1989	♒
2003 (17:09)	♈	1968	♉	1933	♋	1990	♋
2004	♌	1969 (18:02)	♎	1934	♏	1991	♏
2005	♐	1970 (00:33)	♒	1935 (14:20)	♈	1992 (00:02)	♈
2006	♉	1971 (16:21)	♋	1936 (22:20)	♍	1993	♌
2007	♍	1972	♏	1937 (18:52)	♑	1994 (06:44)	♑
2008 (08:20)	♒	1973	♓	1938 (05:54)	♉	1995	♉
2009	♊	1974 (14:54)	♌	1939	♍	1996 (18:51)	♎
2010 (10:21)	♏	1975	♐	1940	♒	1997 (05:10)	♒
12.09.		1976 (05:30)	♉	1941	♊	1998 (20:20)	♋
1920	♍	1977	♍	1942 (21:19)	♏	1999 (08:08)	♏
1921 (20:01)	♒	1978	♑	1943	♓	2000	♓
1922 (19:50)	♊	1979	♊	1944	♌	2001 (20:16)	♌
1923	♎	1980	♎	1945	♐	2002	♐
1924	♓	1981 (15:34)	♓	1946	♈	2003	♈
1925	♋	1982	♋	1947 (09:51)	♍	2004	♍
1926	♏	1983 (12:08)	♐	1948 (18:58)	♒	2005	♑
1927 (09:18)	♈	1984	♈	1949 (19:47)	♊	2006	♊
1928 (12:01)	♍	1985	♌	1950	♎	2007	♎
1929 (00:45)	♑	1986 (04:28)	♑	1951	♒	2008 (17:04)	♓
1930	♉	1987	♉	1952	♋	2009	♋
1931 (23:43)	♎	1988 (04:51)	♎	1953	♏	2010 (13:52)	♐
1932	♒	1989	♒	1954 (14:22)	♈	**14.09.**	
1933 (21:25)	♋	1990 (16:53)	♋	1955	♌	1920	♎
1934 (14:20)	♏	1991	♏	1956	♑	1921	♒
1935	♓	1992	♓	1957	♉	1922	♊
1936	♌	1993 (13:51)	♌	1958	♍	1923	♏
1937	♐	1994	♐	1959 (01:43)	♒	1924 (01:42)	♈
1938	♈	1995 (12:21)	♉	1960 (19:10)	♋	1925	♌
1939 (05:09)	♍	1996	♍	1961 (16:23)	♏	1926	♐
1940 (05:51)	♒	1997	♑	1962	♓	1927 (09:03)	♉
1941 (03:06)	♊	1998	♊	1963 (16:30)	♌	1928 (19:12)	♎
1942	♎	1999	♎	1964	♐	1929 (13:17)	♊
1943 (19:46)	♓	2000 (03:34)	♓	1965	♈	1930 (06:01)	♊
1944 (23:50)	♌	2001	♋	1966 (10:25)	♍	1931 (23:40)	♏
1945 (23:37)	♐	2002 (06:44)	♐	1967	♑	1932	♓
1946 (07:49)	♈	2003	♈	1968 (00:54)	♊	1933	♋
1947	♌	2004 (22:16)	♍	1969	♎	1934 (21:03)	♐
1948	♑	2005 (07:56)	♑	1970	♒	1935	♈
1949	♉	2006 (21:59)	♊	1971	♋	1936	♍
1950 (23:28)	♎	2007 (12:31)	♎	1972 (21:42)	♐	1937	♑
1951	♒	2008	♒	1973 (10:56)	♈	1938	♑
1952 (02:24)	♋	2009 (21:19)	♋	1974	♌	1939 (04:38)	♎
1953 (03:05)	♏	2010	♏	1975 (09:11)	♑	1940 (16:25)	♓
1954	♓	**13.09.**		1976	♉	1941 (15:09)	♋
1955 (12:02)	♌	1920 (08:10)	♎	1977	♍	1942	♏
1956 (22:46)	♑	1921	♒	1978 (04:08)	♒	1943 (20:08)	♈
1957 (21:57)	♉	1922	♊	1979	♊	1944	♌
1958 (04:19)	♉	1923 (19:47)	♏	1980 (02:06)	♏	1945	♐
1959	♑	1924	♓	1981	♓	1946 (11:03)	♉
1960	♊	1925 (16:30)	♌	1982 (17:46)	♌	1947	♍
1961	♎	1926 (13:22)	♐	1983	♐	1948	♒

Geburtsdatum/Mondzeichen			Geburtsdatum/Mondzeichen			Geburtsdatum/Mondzeichen			Geburtsdatum/Mondzeichen		
1949		♊	2006		♊	1971	(00:38)	♌	1936	(09:12)	♎
1950		♎	2007		♎	1972		♐	1937	(05:51)	♒
1951	(00:21)	♓	2008		♓	1973	(15:59)	♉	1938		♊
1952	(14:38)	♌	2009	(23:39)	♌	1974		♍	1939	(05:43)	♏
1953	(14:32)	♐	2010		♌	1975	(18:51)	♒	1940		♓
1954		♈	**15.09.**			1976		♊	1941		♋
1955	(15:33)	♍	1920	(14:19)	♏	1977		♎	1942	(00:58)	♐
1956		♑	1921	(08:39)	♓	1978	(05:09)	♓	1943	(22:14)	♉
1957		♉	1922	(04:13)	♋	1979		♋	1944		♍
1958	(04:44)	♎	1923	(21:05)	♐	1980	(14:28)	♐	1945		♑
1959		♒	1924		♈	1981		♈	1946	(13:45)	♊
1960		♋	1925		♌	1982	(19:57)	♍	1947		♓
1961		♏	1926	(20:37)	♑	1983		♑	1948	(07:27)	♓
1962	(19:33)	♈	1927		♉	1984		♉	1949	(05:52)	♋
1963		♌	1928		♎	1985	(09:34)	♎	1950		♋
1964	(16:30)	♑	1929		♒	1986		♒	1951	(03:47)	♈
1965	(08:56)	♉	1930		♊	1987	(17:22)	♋	1952		♌
1966		♍	1931		♏	1988		♏	1953	(23:21)	♑
1967	(08:08)	♒	1932	(14:01)	♈	1989		♓	1954		♉
1968		♊	1933	(09:31)	♌	1990		♌	1955	(20:35)	♎
1969		♎	1934		♐	1991		♐	1956		♒
1970	(00:57)	♓	1935	(14:10)	♉	1992	(10:47)	♉	1957		♊
1971		♋	1936		♍	1993		♍	1958	(04:49)	♏
1972		♐	1937		♑	1994	(11:42)	♒	1959		♐
1973		♈	1938	(11:23)	♊	1995		♊	1960	(07:46)	♌
1974	(15:12)	♍	1939		♎	1996		♎	1961	(00:54)	♐
1975		♑	1940		♓	1997	(05:59)	♓	1962	(19:00)	♉
1976	(18:32)	♊	1941		♋	1998		♋	1963		♍
1977	(03:07)	♎	1942		♏	1999	(19:35)	♐	1964		♑
1978		♒	1943		♈	2000		♈	1965	(16:06)	♊
1979	(02:27)	♋	1944	(12:00)	♍	2001	(20:39)	♍	1966		♎
1980		♏	1945	(11:11)	♑	2002		♑	1967	(16:53)	♓
1981	(18:55)	♈	1946		♉	2003		♉	1968		♋
1982		♌	1947	(11:16)	♎	2004	(05:54)	♎	1969		♏
1983	(21:34)	♑	1948		♒	2005		♒	1970	(00:35)	♈
1984		♉	1949		♊	2006	(03:53)	♓	1971		♑
1985		♍	1950	(01:27)	♏	2007	(00:37)	♏	1972	(10:07)	♑
1986	(07:07)	♒	1951		♓	2008	(22:39)	♈	1973		♉
1987		♊	1952		♐	2009		♌	1974	(15:17)	♎
1988	(17:07)	♏	1953		♐	2010	(21:30)	♑	1975		♒
1989	(00:08)	♓	1954	(14:44)	♉	**16.09.**			1976		♊
1990	(20:52)	♌	1955		♍	1920		♏	1977	(06:45)	♏
1991	(02:14)	♐	1956	(11:28)	♒	1921		♓	1978		♓
1992		♈	1957	(08:26)	♊	1922		♋	1979	(13:25)	♌
1993	(15:20)	♍	1958		♎	1923		♐	1980		♐
1994		♑	1959	(06:54)	♓	1924	(09:39)	♉	1981	(20:30)	♉
1995	(22:48)	♊	1960		♋	1925	(04:56)	♍	1982		♍
1996		♉	1961		♏	1926		♑	1983		♍
1997		♒	1962		♈	1927	(10:28)	♊	1984	(09:26)	♊
1998		♋	1963	(23:47)	♍	1928		♎	1985		♎
1999		♏	1964		♑	1929		♒	1986	(10:27)	♓
2000	(13:00)	♈	1965		♉	1930	(11:42)	♋	1987		♋
2001		♌	1966	(09:33)	♎	1931		♏	1988		♏
2002	(11:48)	♑	1967		♒	1932		♈	1989	(00:38)	♈
2003	(03:50)	♉	1968	(13:28)	♋	1933		♌	1990		♌
2004		♍	1969	(01:25)	♏	1934		♐	1991	(14:04)	♑
2005	(10:02)	♒	1970		♓	1935		♉	1992		♉

Geburtsdatum	Mondzeichen
1993 (14:44)	♎
1994	♒
1995	♊
1996 (04:20)	♏
1997	♓
1998 (02:48)	♌
1999	♐
2000 (20:05)	♉
2001	♍
2002 (19:54)	♒
2003 (16:32)	♊
2004	♎
2005 (10:24)	♓
2006	♋
2007	♏
2008	♈
2009	♌
2010	♑
17.09.	
1920 (23:58)	♐
1921 (20:29)	♈
1922 (08:48)	♌
1923	♐
1924	♉
1925	♍
1926	♑
1927	♊
1928 (05:04)	♏
1929 (00:07)	♓
1930	♋
1931 (01:39)	♐
1932	♈
1933 (19:13)	♍
1934 (01:36)	♑
1935 (16:48)	♊
1936	♎
1937	♒
1938 (15:09)	♋
1939	♏
1940 (04:43)	♈
1941 (00:36)	♌
1942	♐
1943	♉
1944	♍
1945 (19:20)	♒
1946	♊
1947 (15:11)	♏
1948	♓
1949	♋
1950 (03:12)	♐
1951	♈
1952 (03:42)	♍
1953	♑
1954 (15:55)	♊
1955	♎
1956 (23:34)	♓
1957 (15:50)	♋
1958	♏
1959 (14:16)	♈
1960	♌
1961	♐
1962	♉
1963	♍
1964 (04:47)	♒
1965	♊
1966 (09:34)	♏
1967	♓
1968	♎
1969 (06:42)	♐
1970	♈
1971 (11:29)	♍
1972	♑
1973 (19:48)	♊
1974	♎
1975	♒
1976 (06:07)	♋
1977	♏
1978 (06:50)	♈
1979	♌
1980	♐
1981	♉
1982 (23:03)	♎
1983 (09:45)	♒
1984	♊
1985 (10:17)	♏
1986	♓
1987	♋
1988 (03:25)	♐
1989	♈
1990 (02:19)	♍
1991	♑
1992 (19:40)	♊
1993	♎
1994 (18:31)	♓
1995 (11:16)	♋
1996	♏
1997 (05:25)	♈
1998	♌
1999	♐
2000	♉
2001 (20:00)	♎
2002	♒
2003	♊
2004 (11:25)	♏
2005	♓
2006 (13:15)	♌
2007 (13:21)	♐
2008	♈
2009 (00:56)	♍
2010	♑
18.09.	
1920	♐
1921	♈
1922	♌
1923 (00:14)	♑
1924 (20:24)	♊
1925 (15:18)	♍
1926 (00:23)	♒
1927 (14:49)	♋
1928	♏
1929	♓
1930 (14:18)	♌
1931	♐
1932 (01:34)	♉
1933	♍
1934	♑
1935	♊
1936 (21:32)	♏
1937 (13:19)	♓
1938	♋
1939 (10:02)	♐
1940	♈
1941	♌
1942 (03:48)	♑
1943	♐
1944 (00:48)	♎
1945	♒
1946 (16:42)	♊
1947	♏
1948 (20:02)	♈
1949 (12:05)	♌
1950	♐
1951 (09:41)	♉
1952	♍
1953	♑
1954	♊
1955	♎
1956	♓
1957	♋
1958 (06:16)	♐
1959	♈
1960 (19:07)	♍
1961 (06:42)	♑
1962 (20:29)	♊
1963 (09:00)	♎
1964	♒
1965 (21:01)	♋
1966	♏
1967	♓
1968 (00:25)	♌
1969	♐
1970 (01:21)	♉
1971	♍
1972 (20:05)	♒
1973	♑
1974 (17:14)	♏
1975 (06:32)	♓
1976	♋
1977 (09:28)	♐
1978	♈
1979	♌
1980 (00:45)	♑
1981 (21:59)	♊
1982	♎
1983	♒
1984 (18:36)	♋
1985	♏
1986 (15:33)	♈
1987 (05:50)	♌
1988	♐
1989 (00:22)	♉
1990	♍
1991	♑
1992	♊
1993 (14:14)	♏
1994	♓
1995	♋
1996 (11:31)	♐
1997	♈
1998 (11:52)	♍
1999 (08:13)	♑
2000	♉
2001	♎
2002	♒
2003	♊
2004	♏
2005 (10:43)	♈
2006	♌
2007	♐
2008 (01:56)	♉
2009	♍
2010 (08:35)	♒
19.09.	
1920	♐
1921	♈
1922 (10:08)	♍
1923	♑
1924	♊
1925	♎
1926	♒
1927	♋
1928 (17:23)	♐
1929 (08:30)	♈
1930	♌
1931 (06:48)	♑
1932	♉
1933	♍
1934 (04:06)	♒
1935 (23:27)	♋
1936	♏
1937	♓
1938 (17:26)	♌
1939	♐
1940 (17:45)	♉
1941 (06:29)	♍
1942	♑
1943 (03:42)	♊
1944	♎

Geburtsdatum / Mondzeichen

Geburtsdatum		Mondzeichen
1945	(23:19)	♓
1946		♋
1947	(22:49)	♐
1948		♈
1949		♌
1950	(05:49)	♑
1951		♉
1952	(15:41)	♎
1953	(04:30)	♒
1954	(19:13)	♋
1955	(04:18)	♏
1956		♓
1957	(19:31)	♌
1958		♐
1959		♈
1960		♍
1961		♑
1962		♊
1963		♎
1964	(14:22)	♓
1965		♋
1966	(12:21)	♐
1967	(03:46)	♈
1968		♌
1969	(10:14)	♑
1970		♉
1971	(23:47)	♎
1972		♒
1973	(23:01)	♋
1974		♏
1975		♓
1976	(14:11)	♌
1977		♐
1978	(10:43)	♉
1979	(02:15)	♍
1980		♑
1981		♊
1982		♎
1983	(22:30)	♓
1984		♋
1985	(11:40)	♐
1986		♈
1987		♌
1988	(10:45)	♑
1989		♉
1990	(09:34)	♎
1991	(02:58)	♒
1992		♏
1993		♏
1994		♓
1995	(23:19)	♌
1996		♐
1997	(05:21)	♉
1998		♍
1999		♑
2000	(01:22)	♊
2001	(20:27)	♏

Geburtsdatum		Mondzeichen
2002	(06:18)	♓
2003	(05:07)	♋
2004	(15:30)	♐
2005		♈
2006		♌
2007		♐
2008		♉
2009	(02:26)	♎
2010		♒
20.09.		
1920	(12:09)	♑
1921	(06:41)	♉
1922		♍
1923	(05:53)	♒
1924		♊
1925	(23:18)	♏
1926	(01:06)	♓
1927	(22:13)	♌
1928		♐
1929		♈
1930	(14:45)	♍
1931		♑
1932	(14:14)	♊
1933	(01:51)	♎
1934		♒
1935		♋
1936		♏
1937	(17:31)	♈
1938		♌
1939	(18:11)	♑
1940		♉
1941		♍
1942	(06:27)	♒
1943		♊
1944	(13:11)	♏
1945		♓
1946	(20:13)	♌
1947		♐
1948		♈
1949	(14:34)	♍
1950		♑
1951	(18:47)	♊
1952		♎
1953		♒
1954		♋
1955		♏
1956	(09:47)	♈
1957		♌
1958	(10:13)	♑
1959	(00:12)	♉
1960		♍
1961	(09:43)	♒
1962		♊
1963	(20:10)	♏
1964		♓
1965	(23:35)	♌
1966		♐

Geburtsdatum		Mondzeichen
1967		♈
1968	(08:16)	♍
1969		♑
1970	(05:02)	♊
1971		♎
1972		♒
1973		♋
1974	(22:46)	♐
1975	(19:07)	♈
1976		♌
1977	(12:04)	♑
1978		♉
1979		♍
1980	(07:31)	♒
1981		♊
1982	(04:32)	♏
1983		♓
1984	(23:49)	♌
1985		♐
1986	(23:25)	♉
1987	(18:13)	♍
1988		♑
1989	(01:16)	♊
1990		♎
1991		♒
1992	(01:59)	♋
1993	(15:53)	♐
1994	(03:30)	♈
1995		♌
1996	(16:12)	♑
1997		♉
1998	(22:57)	♍
1999	(19:38)	♒
2000		♊
2001		♏
2002		♓
2003		♋
2004		♐
2005	(12:47)	♈
2006	(01:07)	♍
2007	(00:52)	♑
2008	(04:17)	♊
2009		♎
2010	(21:15)	♓
21.09.		
1920		♑
1921		♉
1922	(09:43)	♎
1923		♒
1924	(08:54)	♋
1925		♏
1926		♓
1927		♌
1928		♐
1929	(14:45)	♉
1930		♍
1931	(15:18)	♒

Geburtsdatum		Mondzeichen
1932		♊
1933		♋
1934	(05:14)	♓
1935		♋
1936	(10:24)	♐
1937		♈
1938	(19:01)	♍
1939		♑
1940		♉
1941	(09:17)	♎
1942		♒
1943	(13:10)	♋
1944		♏
1945		♓
1946		♌
1947		♐
1948	(07:45)	♉
1949		♍
1950	(09:59)	♒
1951		♊
1952		♎
1953	(06:06)	♓
1954		♋
1955	(15:11)	♐
1956		♈
1957	(20:11)	♍
1958		♑
1959		♉
1960	(03:58)	♎
1961		♒
1962	(01:26)	♋
1963		♏
1964	(20:44)	♈
1965		♌
1966	(18:53)	♑
1967	(16:20)	♉
1968		♍
1969	(12:31)	♒
1970		♊
1971		♎
1972	(02:09)	♓
1973		♋
1974		♐
1975		♈
1976	(18:16)	♍
1977		♑
1978	(17:56)	♊
1979	(15:11)	♎
1980		♒
1981	(00:39)	♋
1982		♏
1983		♓
1984		♌
1985	(14:49)	♉
1986		♍
1987		♍
1988	(14:43)	♒

Geburtsdatum	Mondzeichen	Geburtsdatum	Mondzeichen	Geburtsdatum	Mondzeichen	Geburtsdatum	Mondzeichen
1989	♊	1947 (09:58)	♑	1997	♊	1955	♐
1990 (19:06)	♏	1948	♉	1998	♎	1956	♉
1991 (14:20)	♓	1949 (14:41)	♎	1999	♒	1957 (19:33)	♎
1992	♋	1950	♒	2000	♋	1958	♒
1993	♐	1951	♊	2001 (00:02)	♐	1959	♊
1994	♈	1952 (01:43)	♏	2002	♈	1960 (10:18)	♏
1995	♌	1953	♓	2003	♌	1961	♓
1996	♑	1954 (01:04)	♌	2004	♑	1962 (10:07)	♌
1997 (07:39)	♊	1955	♐	2005 (18:07)	♊	1963 (08:50)	♐
1998	♎	1956 (18:01)	♉	2006 (14:06)	♎	1964	♈
1999	♒	1957	♍	2007 (09:18)	♒	1965 (00:30)	♍
2000 (05:16)	♋	1958 (17:03)	♑	2008 (06:49)	♏	1966	♑
2001	♏	1959 (12:16)	♊	2009	♏	1967	♉
2002 (18:11)	♈	1960	♎	2010	♓	1968	♎
2003 (15:03)	♌	1961 (10:36)	♓	**23.09.**		1969 (14:22)	♓
2004 (18:35)	♑	1962	♋	1920 (00:33)	♒	1970	♋
2005	♉	1963	♏	1921	♊	1971	♏
2006	♍	1964	♈	1922 (09:27)	♏	1973	♌
2007	♑	1965	♌	1923	♓	1974 (08:22)	♑
2008	♊	1966	♑	1924 (20:52)	♌	1975 (07:43)	♉
2009 (05:52)	♏	1967	♉	1925 (05:17)	♐	1977	♒
2010	♓	1968 (13:00)	♎	1926	♈	1978	♊
22.09.		1969	♒	1927 (08:02)	♍	1979	♎
1920	♑	1970 (12:41)	♑	1928	♑	1981 (05:08)	♌
1921 (14:41)	♊	1971 (12:33)	♏	1929 (19:25)	♊	1982	♐
1922	♎	1972	♓	1930	♎	1983	♈
1923 (14:03)	♓	1973 (01:56)	♌	1931	♒	1985 (20:11)	♒
1924	♋	1974	♐	1932 (02:13)	♋	1986 (10:13)	♊
1925	♏	1975	♈	1933	♏	1987 (04:58)	♎
1926 (00:20)	♈	1976	♍	1934 (06:13)	♈	1989	♋
1927	♌	1977 (15:12)	♒	1935	♌	1990	♏
1928 (06:16)	♑	1978	♊	1936 (21:53)	♑	1991 (22:56)	♈
1929	♉	1979	♎	1937	♉	1993	♉
1930 (14:43)	♎	1980 (10:27)	♓	1938 (21:19)	♎	1994	♉
1931	♒	1981	♋	1939 (05:24)	♒	1995	♍
1932	♊	1982 (13:30)	♐	1940	♊	1997 (13:33)	♋
1933 (06:00)	♏	1983 (10:10)	♈	1941 (10:23)	♏	1998 (11:22)	♏
1934	♓	1984	♌	1942	♓	1999 (03:51)	♓
1935 (09:50)	♌	1985	♉	1943	♋	2001	♐
1936	♐	1986	♍	1944 (00:16)	♐	2002	♈
1937 (19:49)	♉	1987	♍	1945 (23:53)	♉	2003 (21:05)	♍
1938	♍	1988	♒	1946 (00:38)	♍	2006	♎
1939	♑	1989 (04:50)	♋	1947	♑	2007	♒
1940 (06:05)	♊	1990	♏	1948 (17:40)	♊	2010 (09:47)	♈
1941	♎	1991	♓	1949	♎	**24.09.**	
1942 (09:34)	♓	1992 (05:19)	♌	1950 (16:09)	♓	1923	♓
1943	♋	1993 (20:54)	♑	1951 (06:34)	♋	1927	♍
1944	♏	1994 (14:47)	♐	1952	♏	1931 (02:28)	♓
1945 (00:11)	♈	1995 (09:01)	♍	1953 (05:30)	♈	1935 (22:18)	♍
1946	♌	1996 (18:39)	♒	1954	♌		

Wie Sie mehr über Ihr Horoskop erfahren können

Der Unterschied zwischen dem, was ein Buch über Tierkreiszeichen an individueller Deutung leisten kann, und der Interpretation Ihres persönlichen Horoskops ist wesentlich größer als der zwischen einem Anzug von der Stange und einem maßgefertigten Kleidungsstück.

Wenn Sie mehr darüber erfahren wollen, was die Gestirne über Ihr individuelles Schicksal aussagen, benötigen Sie zunächst einmal ein genau berechnetes Horoskop. Wer einen Computer hat oder jemanden kennt, der einen besitzt, hat es leicht: Es gibt eine Vielzahl von Astrologieprogrammen, die für jeden Geschmack und jeden Geldbeutel etwas bieten. Wenn Sie bereits einen Horoskopausdruck haben, können Sie sich mit Hilfe astrologischer Lehrbücher an eine genauere Interpretation herantasten. Es existieren außerdem Astrologieschulen, die Sie in der Horoskopdeutung unterrichten können. Schließlich gibt es Firmen, die Horoskopberechnungen und Computerdeutungen anbieten. *Astrologieprogramme*

Leider ist auch in der Astrologie nicht alles Gold, was glänzt. Neben seriösen Astrologen, die Ihnen eine echte Lebenshilfe geben können, tummeln sich auf dem Gebiet auch viele Scharlatane. Das gleiche gilt sinngemäß natürlich für Bücher, Computerprogramme und Deutungen. *Vorsicht vor Scharlatanen*

Wenn Sie in dieser Hinsicht Hilfestellung und unverbindliche Informationen wünschen, können Sie sich gern direkt an den Autor wenden. Die Adresse finden Sie auf Seite 8.

Bitte legen Sie einen adressierten DIN-A4-Um-
schlag und DM 5,– in Briefmarken bei, und
verwenden Sie das *Stichwort »Astro-Info«.* Sie
erhalten dann eine umfangreiche Liste mit
unseren persönlichen Empfehlungen zu allen
Bereichen der Astrologie. Ihre Adresse wird
von uns nicht gespeichert und auch nicht an
andere weitergegeben.

Wenn Sie eine schriftliche Horoskopdeutung nach der Methode des Autors möchten,
ohne daß Sie sich selbst mit Computerberech-
nungen auseinandersetzen müssen, können
Sie hierzu kostenlos und unverbindlich Informationsmaterial unter der Adresse des Autors
anfordern *(Stichwort »Querverbindungen«).*

Die Deutung und Bedeutung des Aszendenten

Wie bereits im Einleitungskapitel dargestellt,
besteht ein Horoskop aus vielen verschiedenen
Deutungselementen, von denen das Tierkreiszeichen zwar das bekannteste, aber eben nur
eines von vielen ist. Das Tierkreiszeichen eines
Menschen ist wie gesagt nichts anderes als die
Sonnen- Position der Sonne im Tierkreis (= Zodiakus)
zeichen zum Zeitpunkt der Geburt. Da unser Kalender
ebenfalls mit dem Sonnenlauf – von der Erde
aus gesehen – korrespondiert, läßt sich anhand
des Geburtsdatums recht genau bestimmen,
welches Tierkreiszeichen zu einem gehört.
Dies ist sicherlich der Hauptgrund, warum die
Sonnenzeichen so populär wurden.

Der wohl wichtigste Einzelfaktor für ein wirklich persönliches Horoskop ist aber der Aszen-

dent. Der Begriff kommt von dem lateinischen Wort *ascendere,* was soviel wie »aufsteigen« bedeutet. Mit dem Aszendenten ist der Abschnitt des Zodiakus gemeint, der im Augenblick der Geburt in östlicher Richtung am Horizont aufgeht. Der Aszendent ist außerdem identisch mit der Spitze – also dem Anfang – des ersten Hauses. Da der Aszendent etwa alle vier Minuten seine Position ändert, müssen Geburtsort und die genaue Geburtszeit bekannt sein, um ihn bestimmen zu können. Wenn Sie Ihre Geburtszeit kennen, steht der Berechnung des Aszendenten nichts im Wege. Falls sie Ihnen nicht bekannt ist, können Sie sie wie gesagt bei dem Standesamt Ihres Geburtsortes erfahren. Bei den meisten Standesämtern wird eine schriftliche Anfrage mit frankiertem Rückumschlag umgehend bearbeitet, manche verlangen allerdings eine Gebühr. Telefonisch erhalten Sie wegen des Datenschutzes nur selten Auskunft.

Geburtsort

Im nachfolgenden Abschnitt wird beschrieben, wie Sie den Aszendenten schnell feststellen können. Dank eines völlig neuen Verfahrens ist dies erstmals ohne komplizierte Berechnungen und absolut zuverlässig möglich.

Wie ist der Aszendent zu deuten? Vereinfacht gesagt, gibt der Aszendent Auskunft darüber, wer wir sind, während das Sonnenzeichen beschreibt, wie wir uns verhalten. Wenn wir den Menschen mit einem Auto vergleichen, dann würde der Aszendent uns verraten, um was für ein Gefährt es sich handelt, während das Tierkreiszeichen – also die Position der Sonne – uns Aufschluß darüber gibt, wie es behandelt und gefahren wird. Dies zeigt auch schon, daß die oft gestellte Frage, was denn nun wichtiger sei, der Aszendent oder das Tierkreiszeichen, im Grunde unsinnig ist. Handeln (Sonne) setzt Körperlichkeit (Aszendent) voraus. Eine Veranlagung (Aszendent), die nicht gelebt wird (Sonne), ist bedeutungslos.

Körperlichkeit

Wie können Sie nun Näheres zur Interpretation Ihres Aszendenten erfahren? Hier gibt es mehrere Wege. Der einfachste ist natürlich, sich ein spezielles Buch zu diesem Thema zu besorgen und unter dem entsprechenden Kapitel nachzuschlagen. Vielleicht kennen Sie auch jemanden, der sich intensiver mit Astrologie beschäftigt und Ihnen persönlich Auskünfte über die Bedeutung Ihres Aszendenten und Ihres Sonnenzeichens geben kann. Falls Sie ein Tierkreiszeichen-Buch (zum Beispiel aus dieser Reihe) Ihres Aszendenten-Zeichens besitzen, können Sie auch das lesen und dabei im Hinterkopf behalten, daß es sich hier weniger um Ihr tatsächliches Verhalten, sondern um Ihre Charakteranlagen handelt. Da sich allerdings unsere Anlagen und unser Verhalten ständig wechselseitig beeinflussen, erzielen Sie schon gute Ergebnisse, wenn Sie sich selbst einfach als eine »Mischung« beider Zeichen betrachten.

Charakteranlagen

Falls Sie feststellen sollten, daß bei Ihnen Sonne und Aszendent im gleichen Tierkreiszeichen stehen, müssen Sie natürlich kein weiteres Buch zu Rate ziehen. Für Sie sollten dann die in diesem Band gemachten Aussagen in besonderem Maße zutreffen.

Die Bestimmung des Aszendenten

Die Verwendung der nachfolgenden Aszendentengrafik ist denkbar einfach: Die Skala am linken Rand (C) gibt das Datum an, die Skala am rechten Rand (A) die Uhrzeit. Markieren Sie Ihr Geburtsdatum und Ihre Geburtszeit, nehmen Sie ein Lineal, und verbinden Sie beides mit einem Strich – fertig! Das Tierkreiszeichen (B) in der Mitte der Grafik, das von Ihrer Linie gekreuzt wird, ist Ihr Aszendent. Wichtige Hinweise: Die Grafik bezieht sich auf mitteleuropäische Zeit. Falls bei Ihrer Geburt die Sommerzeit galt, müssen Sie eine Stunde abziehen. Eine Sommerzeitentabelle finden Sie im Anhang dieses Buches. Die Aszendentengrafik funktioniert nur dann, wenn Sie in Deutschland geboren sind. Ohne eine wirklich genaue Geburtszeitangabe ist kein zuverlässiges Ergebnis zu erzielen.

Literatur

Brigitte Hamann: Die zwölf Archetyen. München 1991.

Michael Roscher: Astrologische Aspektlehre. München 1997.

Michael Roscher: Das Astrologiebuch. München 1989.

Michael Roscher: Der Mond. München 1997.

Michael Roscher: Kritische Grade im Radix. Selbstverlag 1995.*

Michael Roscher: Kritische Grade in der Prognose. Selbstverlag 1995.*

* zu beziehen bei:
  Buchhandlung Licht und Schatten
  Ehrenstraße 18–26
  D–50672 Köln
  Tel. 02 21/25 43 40, Fax 02 21/25 42 02

18 19 20 21 22 23 24/0 1 2 3 4 5 6 7 8 9 10 11 12 13 14 15 16 17

Löwe	Jungfrau	Waage	Skorpion	Schütze	Steinbock	Wassermann	Fische	Widder	Stier	Zwilling	Krebs	Löwe	Jungfrau	Waage	Skorpion	Schütze	Steinbock	Wassermann	Fische	Widder	Stier	Zwilling	Krebs
♌	♍	♎	♏	♐	♑	♒	♓	♈	♉	♊	♋	♌	♍	♎	♏	♐	♑	♒	♓	♈	♉	♊	♋

| Januar | Februar | März | April | Mai | Juni | Juli | August | September | Oktober | November | Dezember |

Bildnachweis